高光时刻

畅享职场人生的 30 个实用工具

徐婉益 著

机械工业出版社
CHINA MACHINE PRESS

你是想在职场发光发热的小白吗？你是期望在晋升机遇前"百发百中"的上进员工吗？

你是在融入新团队的挑战前束手无策的新任管理者吗？

这本书将击碎你与职场工具之间的"壁垒"，以图表结合的形式，融入包括金字塔原理、目标管理、教练技术、OKR思维和4D领导力系统等在内的各种顶级管理学经典方法论，配合通俗透彻的文字讲解，为你呈现30个可以迅速上手的职场工具。

一个职场阶段对应一个实用工具，一个职场场景对应一种高效方法，翻开这本书，你将告别"大海捞针"，高效找准最适合自己的职场高光之路。

图书在版编目（CIP）数据

高光时刻：畅享职场人生的30个实用工具 / 徐婉益著. —北京：机械工业出版社，2022.11

ISBN 978-7-111-72082-9

Ⅰ. ①高… Ⅱ. ①徐… Ⅲ. ①职业选择–通俗读物 Ⅳ. ①C913.2-49

中国版本图书馆CIP数据核字（2022）第218558号

机械工业出版社（北京市百万庄大街22号 邮政编码100037）
策划编辑：刘怡丹　　　　　责任编辑：刘怡丹
责任校对：张亚楠　王 延　责任印制：李 昂
北京联兴盛业印刷股份有限公司印刷

2023年1月第1版第1次印刷
165mm×225mm・15.5印张・201千字
标准书号：ISBN 978-7-111-72082-9
定价：65.00元

电话服务	网络服务
客服电话：010-88361066	机 工 官 网：www.cmpbook.com
010-88379833	机 工 官 博：weibo.com/cmp1952
010-68326294	金 书 网：www.golden-book.com
封底无防伪标均为盗版	机工教育服务网：www.cmpedu.com

序言

翻开这本书的你,一定是一名终身学习者。可自记事以来,有一个问题或许一直困扰着你:我们学习了那么多知识,究竟如何才能学以致用?

之所以会有这样的疑问,是因为你已经面临过太多让你手足无措的挑战了。上学时,你日日挑灯夜读,但成绩依然不够亮眼;上班后,你常常彻夜加班,但升职加薪的机会依然落不到你头上。你努力回想毕生所学,尝试过许多种办法想要改变无奈的现状,却又一次次让自己失望;你咬咬牙,想要靠勇气与毅力挺过去,却让自己被一个又一个困局压得疲惫不堪。

你或许意识到了,意志力无法从根本上解决问题。那么,如今正要在职场发光发热的你,究竟应该如何做到真正的"学以致用"呢?

你需要找到合适的工具帮你从根本上解决问题,并找到使用它们的方法与时机,这些正是我写作这本书的初衷。

为什么我会这么快地找到问题的突破方向,并且如此迫切地想要帮助看到这本书的你?这一切,都源于一场"相遇"。

大学刚毕业时,我以为学生时期体会过的这些无奈将继续伴我左右,并将这种无奈视作不可避免的人生磨炼。带着这样的心态,我进入了一家知名咨询公司,成为一名组织人力资源方向的顾问,就此打开了"职场工具"的大门。

我惊讶地发现,在这些工具与模型的帮助下,即便我没有足够的司龄,也可以透彻地了解一家企业，即便我没有沉甸甸的行业经验，也能成为一名具备足够价值的小"行家"。当二十出头的我与年过四十的企业高管坐在一张桌子上开会，还受到对方的认可与尊重时，我坚定了自己与工具、模型"此生为伴"的决心。

如今，我与工具"相伴"已十几载，从借助工具赚钱，到设计工具赚钱，我需要面临的问题和挑战越来越复杂，难度也越来越高，可我却并没有因为与日俱增的压力而倍感焦虑，反而在这个过程中收获到了越来越多的惊喜：因为我更透彻地看清了每一个职场工具的深层价值，看到了它们在不同的挑战中表现出的各种精彩。

在更深刻的理解之下，我对工具的使用也愈加炉火纯青，更逐渐意识到，几乎每一位在"学以致用"环节犯难的人，都是因为在遇到难题时没找对方向——也就是没有找对可以将"学"转化为"用"的工具。

金子只有在被人看到时才会被发现光芒。现在，我将它呈现在你的眼前，它无疑便拥有了比被我"独享"时更耀眼的价值。

当你阅读这本书时，不必怀疑这些工具的实用价值。本书所有职场工具的原型，源自包括金字塔原理、目标管理、教练技术、OKR思维和4D领导力系统等在内的各大顶级管理学经典方法论。

这本书还有一个突出的特点——图解工具。在这本书里，为了方便大家理解、阅读、转化书中的内容，我把打造职场高光时刻的工具用图解的方式呈现在书中。丰富的插图与通俗易懂的文字，让你能够轻松看懂书的内容，掌握使用工具的方法。虽然绘图花费了我很多时间，但每每想到大家在忙碌之余能高效地看完一本书，读懂一本书，并把使用工具的方法运用到工作中，我就非常欣慰。

但你也不能因此掉以轻心，认为自己看过这本书后便能轻松应对所有职场挑战，从此高枕无忧。通常情况下，一个问题没有被有效解决可能有

3 种情况：没有用心解决问题；找错了解决问题的方法；尝试过解决问题却暂时没有成功。

你发现了吗？最后一种情况隐含着一个重要信息：问题的解决，未必是立竿见影的。有时候，即便你选对了解决问题的工具，也在合适的时机进行了正确的处理，但你未必能立竿见影地根除问题。这个世界上存在许多介于"真"与"假"、"白"与"黑"的灰色地带，或者说是"缓冲区"，它代表着一种新的可能性，一种脱离了原状态的新局面。

在新的可能性里，你会找到更好的自己，一个更勇于尝试、更勤于应对的自己。如果你也好奇"更好的自己"是什么样子的，不妨就在使用本书工具的过程中寻找一下，也许就在某个意想不到的转角处，你也会拥有一场奇妙的"相遇"。

我在 2021 年成为一位母亲。作为一名大龄独自带娃的新手妈妈，如果没有先生杨宁的支持，我很难在产后半年就启动这本书的写作，且做到每天专心构思内容 4 小时。在此，我想对我的"育儿合伙人"表达由衷的感谢！

同时，我还要感谢我的编辑刘怡丹。她为我的这本书提出了许多建设性的意见，比如提醒我加入"图解工具"，这的确能大幅减轻读者的阅读疲劳，也能更清晰地表达我心中所想。如果你在阅读这本书时感到十分轻松，毫无意外，这是她的功劳。

最后，我也要感谢选择这本书的你，话不多说，就让所有的感谢化为书中的 30 个工具，助你收获专属于你的职场高光吧！

徐婉益

2022 年 6 月 29 日

使用说明

为了让你省时、省力、省事地通过本书的 30 个实用工具解决职场"打怪升级"的问题，从"职场小白"进阶为"职场明星"，走上人生的高光时刻，你需要先花 3 分钟了解本书的使用说明。

面临挑战

职场进阶是一个不断"打怪升级"的过程，从即将迈入职场到成为"职场明星"，在这个过程中，你会经历 6 个阶段，每个阶段都会遇到相应的困难和挑战。

- 大学毕业后，你海投简历，却总是在面试环节被淘汰。
- 面试成功后，你成为一名"职场小白"，兢兢业业、勤勤恳恳地完成工作任务，却因为难以融入团队而无法成功转正。
- 试用期过后，你不断拼搏，终于成为一名新晋管理者，却不知道该如何管理员工和带领团队把事情做好。
- 管理工作逐渐上手后，你开始思索如何更上一层楼，可如何带领团队完成高难度绩效目标成为"拦路虎"。
- 完成高难度绩效目标后，你还要征服领导才能获得提拔。
- 在职场上摸爬滚打很长时间后，你才逐渐做出成绩，获得认可，可怎样才能在职场上一直游刃有余且始终处于"高光时刻"？

传统操作

当你面临以上职场挑战时，你可能尝试过以下操作。

- 在网络上寻找各种面试教程并学习其中的面试方法。
- 对领导和同事恭恭敬敬，总是不遗余力地帮助他们。
- 向上级领导请教管理方法。
- 为了完成高难度绩效目标通宵加班。
- 在领导面前不停地展示自己取得的成绩。
- 与公司上下所有人建立良好的人际关系。

当你尝试过以上这些传统操作后，依然没有解决你想解决的问题，发挥自己的独特价值，扶摇直上，成为你想成为的人，那么本书的"6 辆缆车"，将助你从"职场小白"省时、省力、省事地迅速上行，成功进阶为"职场明星"。

解决方案

"6 辆缆车"代指职场的 6 个阶段，即面试期、试用期、新上任期、绩效管理期、晋升期和平稳期。每一个阶段的进阶犹如一辆缆车向上攀登，直至登顶，如图 0-1 所示。

本书提供的 30 个实用工具，适合职场生涯还在"打怪升级"中或者处于迷茫焦虑状态、找不到方向的职场人。在每个工具中，设置了 4 个板块："面临挑战"板块，助你锁定可能面临的挑战；"传统操作"板块，让你看清过往自己做过的尝试；"解决方案"板块，教你找到最佳助力工具；"工具总结"板块，总结出每个工具的使用要点。同时，在每个工具中还配有详细的拆解介绍图，以及细化到每一步操作的实例，以图文结合与理论实操互补的形式，全方位为你解读各个工具，让你即学即用。

高光时刻 | 畅享职场人生的 30 个实用工具

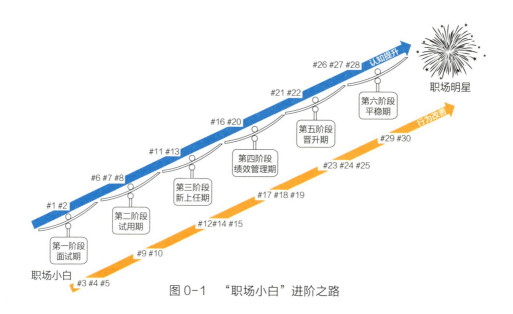

图 0-1 "职场小白"进阶之路

工具总结

本书每节的结构图，如图 0-2 所示。

图 0-2 本书每节内容结构示意

目录

序言
使用说明

第一阶段
面试当前，一举拿下理想职位
001

工具 01　职业规划："3 个圈"，
　　　　　找到职场核心竞争力　　　002

工具 02　简历准备："4 拐点"，
　　　　　获得梦想职位　　　　　　011

工具 03　面试技巧："昨日重现法"，
　　　　　证明绝对价值　　　　　　020

工具 04　职位选择："探照镜"，
　　　　　照出梦想职位　　　　　　028

工具 05　内部竞聘："5 点清单"，
　　　　　备战组织竞聘　　　　　　037

第二阶段
试用期内，快速融入新团队
047

工具 06　试用 1 周："人眼测评法"，
　　　　　知己知彼　　　　　　　　048

工具 07　试用 1 个月："四位一体法"，
　　　　　刷足存在感　　　　　　　055

工具 08　试用期间："1+1 连接法"，
　　　　　建立信任　　　　　　　　063

IX

工具 09	试用期满:"群策群力法",解决"老大难"问题	070
工具 10	特殊试用:"人才盘点 3 问",成功转正	077

第三阶段
新官上任,管好人和理好事
085

工具 11	管好人:"4 步提升认可法",快速服众	086
工具 12	理好事:"要事优先 3 漏斗法",快速达标	094
工具 13	搞好关系:"7 步供需图谱",快速赢得好人缘	101
工具 14	时间管理:"折叠时间管理法",快速拿结果	108
工具 15	特殊上任:"变革闭环管理法",快速整顿团队	114

第四阶段
绩效管理,带领团队打胜仗
121

工具 16	绩效目标:"很可能有戏法",制定高挑战目标	122
工具 17	绩效任务:"6 个明确地图",找准行动方向	130
工具 18	绩效述职:"3 盏聚光灯",照亮绩效成果	138
工具 19	绩效复盘:"1 块看板",高效赋能团队	145
工具 20	绩效结果:"1 个转变",点燃内心战斗力	154

第五阶段
赢得领导，轻松被提拔
163

工具 21 "需求画布"，让领导"看见你"   164

工具 22 "分析看板"，让领导"关注你"   171

工具 23 "优选列表"，让领导"认同你"   179

工具 24 "开门见喜"，让领导"满意你"   188

工具 25 "透析问题"，让领导"赏识你"   196

第六阶段
畅享职场，一直高光
203

工具 26 抓住"3 大黄金时刻"，轻松签单   204

工具 27 满足"高光 3 要素"，营造高光场景   211

工具 28 聚焦"贵人伯乐评分表"，找到"贵人"和"伯乐"   217

工具 29 使用"比较优势环"，争取更多资源   225

工具 30 巧妙使用"避坑指南"，避免"自嗨式"高光   232

高光时刻

畅享职场人生的 30 个实用工具

第一阶段

面试当前，一举拿下理想职位

如今的求职方式已经发生了巨大的变化，迷宫一样的网络招聘信息让人眼花缭乱。你申请了很多个职位，为每个公司量身定制个人简历，但似乎离自己理想的职位越来越远。你需要一份工作，但不是任何工作。5 个工具，从职业规划、简历准备、面试技巧、职位选择到内部竞聘，手把手教你找到理想职位。

工具 01 职业规划："3 个圈"，找到职场核心竞争力

也许你是刚进入职场的"小白"，对自己的职业没有方向和目标，不了解自己能做什么，想做什么；也许你是已经有了多年工作经验的"熟手"，已经能将工作处理得游刃有余，正在思考如何更进一步成为管理者或者进行创业；也许你是年过三十的职场"老手"，已经在职场中占据了一席之地，正在思考如何勇攀高峰……无论你身处职场的哪个阶段，只要你想在职场上获得成功，就要找到你的核心竞争力，成为不可替代的人。

面临挑战

现实中，并非每一位职场人都对自己的核心竞争力了如指掌，而当你拿不准自己的核心竞争力时，你将被下述困境缚住手脚。

- 不停地换工作，希望通过改变环境找到适合自己的工作，结果除了浪费时间一无所获。
- 在工作中总觉得自己的优势和特长没有用武之地，干得很憋屈。
- 自认为能胜任的工作，到岗后才发现理想与现实天差地别，最终落寞离去。

传统操作

请你认真回忆，自进入职场以来，你是否做出过以下尝试。

- 购买职业测评服务，了解适合自己的职业类型。
- 购买职业生涯规划咨询服务，了解自己的职业倾向。
- 与猎头沟通，了解拟应聘企业的基础信息和面试该企业的技巧。

当你尝试过以上这些传统操作，依然无法洞悉自己的核心竞争力，难以找到满意的工作，甚至不能确定自己的职业发展方向时，就说明你需要使用新的工具——"3个圈"，助你突破职业规划困局。

解决方案

所谓"3个圈"，即在一定范围的工作内容列表上，按顺序以不同前提条件画下3个圆圈，逐步缩小适合自己的工作范围，最终明确自己职业生涯的核心竞争力，找到最佳的职业发展方向。

第1步：准备工作

在应用"3个圈"工具之前，请先**准备好一张纸，并尽可能地列出所有你正在完成以及想完成的工作**。

在准备工作中，正在做的工作就是你目前的本职工作，想做的工作则是你的职业理想。很多人容易把人生理想和职业理想混淆，职业理想是你通过努力能够实现的，而人生理想是一种愿景。比如，你希望帮助更多人走出职场焦虑，这是你的人生理想；你想要成为一名能帮助他人纾解职场压力的专业心理咨询师，这是你的职业理想。

以小王为例，小王的岗位是人力资源部主管，主要负责招聘与培训工作。在工作之余，他还一直在学习培训师的相关专业知识，期望自己未来可以成功转型为职业培训师，但小王不确定职业培训师这一职业是否适合自己。

思考过后，他决定应用"3个圈"工具为自己做出准确判断，并做好了相关准备工作——在纸上列出了目前自己正在做以及想要做的全部工作（见图1-1）。

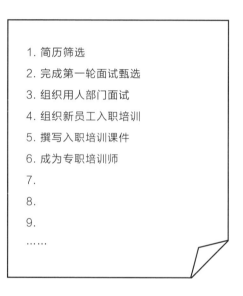

图 1-1　小王正在做的以及想要做的工作清单

在这份清单中，前 3 项均为与招聘相关的工作，第 4 项和第 5 项与培训相关，第 6 项则是小王的职业理想。做好以上准备工作后，小王将分步画下自己的"3个圈"。

第 2 步：画下第 1 个圈

"3个圈"工具中的第 1 个圈是在你所列出的工作清单中，圈出对结果有**决定权的工作**。

所谓"对结果有决定权"，是指该项工作成果的好坏应在你的掌控之中。需要注意的是，你的第 1 个圈所圈出的工作重点不在于数量，而在于真实性，要实事求是。

小王在准备好的工作清单中圈出了第 2 项、第 4 项、第 5 项和第 6 项，这是在他心中对结果有决定权的工作（见图 1-2）。

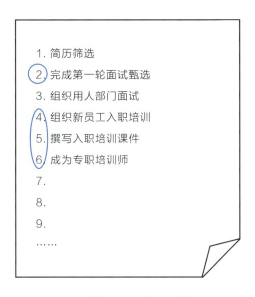

图 1-2　小王圈出对结果有决定权的工作

第 3 步：画下第 2 个圈

"3 个圈"工具中的第 2 个圈是**在第 1 个圈的基础上，进一步圈出自己最擅长的工作。**

此处"最擅长的工作"有两层含义：其一是在所属群体中是某一领域内的权威；其二是在所属群体中拥有的独一无二的能力或技术。

小王任职的公司会在每一次培训结束后进行满意度调研，小王总是能在"课件内容"这一项上拿到最高分，不难看出，他是公司内最擅长做培训课件的员工之一。小王还常常受邀为外部企业讲授入职培训，反响良好。这些都在证明他的确拥有成为专职培训师的潜力。

小王根据自身情况，在第 1 个圈的基础上画下了第 2 个圈（见图 1-3）。

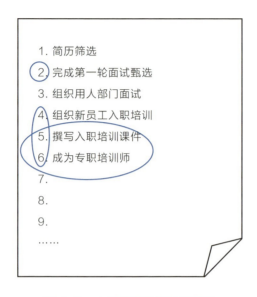

图 1-3　小王圈出最擅长的工作

通过画下的两个圈，小王意识到，自己虽然在培训师方面独有优势，却面临着两个发展方向：纵向深耕与横向开发。纵向深耕需要一个人在某一领域的一个分支内容上进行精细化钻研，力求成为该分支的专才，突出"专精"；横向开发则是要求一个人成为某一领域内的全才，即所有分支内容都融会贯通，突出"广博"（见图 1-4）。

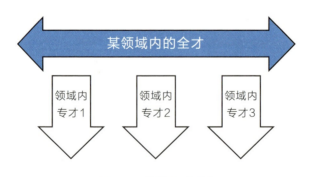

图 1-4　纵横职业道路

面对这样的局面，小王应该如何选择呢？

很快，小王为自己设计了 3 条路径（见图 1-5）：第 1 条路径是横向开发的领域内全才方向，即成为一名商业讲师；第 2 条与第 3 条路径则是纵向深耕的领域内专才方向，前者是成为一名内训专家，后者是成为一名打磨教练，这两条路径无论是在公司内还是领域内都有很好的发展前景。

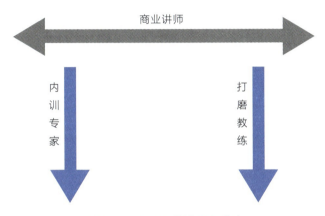

图 1-5　小王的纵横职业道路

第 4 步：画下第 3 个圈

"3 个圈"工具中的第 3 个圈是**在纵横职业道路中圈出协同性最好的路径**。

什么是协同性最好的路径？这类路径有两个显著特征：一是选择该路径的人所需要具备的技能均为领域内的基础技能，即领域内其他路径也有需求；二是这条路径与领域内其他路径的成功存在较强关联。

以小王为例，在小王目前确定下来的 3 条路径中，如果小王选择成为内训专家，首先，小王需具备课程设计与课程讲解两项基础技能，而这两项基础技能不仅是小王最擅长的技能，也是另外两条路径不可或缺的基础技能；其次，内训专家如果往自雇者的方向发展，会成为商业讲师，如果小王在职业培训师教程（Training the Trainer to Train，TTT）领域里深耕，则可以发展为打磨教练（见表1-1）；最后，小王目前是公司的人力资源部主管，他可以通过公司内部的晋升途径到达内训专家的位置。

表1-1　小王的3条职业发展路径的协同性分析

职业发展路径	基础技能				实现路径的相关性
	课程设计	课程讲解	商业变现	TTT技术	
内训专家	√	√			企业内部晋升
商业讲师	√	√	√	√	内训专家的自雇形式
打磨教练	√	√		√	TTT领域内的内训专家

综上来看，对于小王而言，协同性最好的路径就是成为内训专家（见图1-6）。

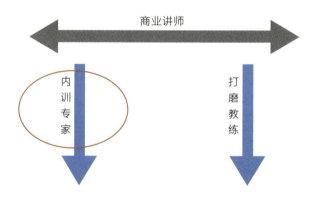

图1-6　小王协同性最好的职业路径

至此，小王已经画完了3个圈。通过他画出的3个圈，可以看到小王的第3个圈不仅圈出了自己未来的职业发展路径，还圈出了自己更长远的职业理想方向。但你也许会有疑问：为什么小王在画第3个圈的时候，不能直接选择商业讲师或打磨教练，而要重点考虑"协同性"的问题呢？

因为脚踏实地地过好当下，是每一个人实现职业理想的重要前提。许多人在对自己的职业生涯进行规划的时候，已经画出了第 1 个圈和第 2 个圈，却忽略了第 3 个圈，最终导致的结果通常都是难以落地——没有考虑协同性的选择往往太过于理想化，在执行过程中很容易将人带偏。

比如，一个人在做完职业规划的相关测评后发现自己具有领导潜质，这不代表着他接下来回到公司很快就能成为管理者，或者他必须马上站到管理者的位置。他仍然需要认真做好眼前的工作，一点点累积自己的能力，才能在稳定的升职加薪中一步步接近梦想。只有协同性高的路径，才能提供这样踏实且易落地的机会。

"3 个圈"工具应用结束后，小王找到了自己的职场核心竞争力——课程设计与课程讲解，也找到了自己的职业发展路径——成为内训专家。但小王的职业规划还不够完美，他还需要为自己设计一个指导自身发展方向的时间轴。比如，1 年内的短期职业目标是什么？3 年后的长期职业目标是什么？甚至必要时还需要明确 5 年后、8 年后更长远的职业规划是什么？这将便于他时刻确认自己的状态、调整自己的节奏。于是，小王根据自身实际情况，先为自己绘制了 3 年的职业发展路径图（见图 1-7）。

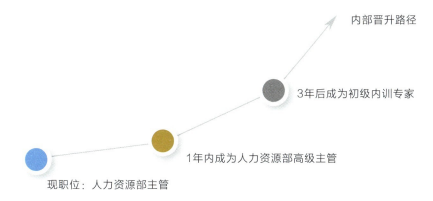

图 1-7　小王的 3 年职业发展路径示意

在清晰了自己的职业规划后，小王对自己的竞争力和职业理想充满了信心与底气。

工具总结

"3个圈"作为职场核心竞争力挖掘器，是一款优势提炼筛选工具（见表1-2），旨在基于现状了解自身的职场核心竞争力，规划合理且易落地的未来职业发展路径；在充分挖掘自身优势的前提下，实现更大的职业理想，打造属于自己的职场高光时刻。

表1-2 "3个圈"工具操作流程

操作	规则
准备工作	在一张纸上尽可能地列出所有你正在做的以及想要做的工作
画下第1个圈	在所列出的工作中，圈出对结果有决定权的工作
画下第2个圈	在所圈出的工作中，圈出自己最擅长的工作
画下第3个圈	在纵横职业道路中，圈出协同性最好的路径

工具 02　简历准备："4 拐点"，获得梦想职位

身为职场人的你，一定期待过可以将自己的职业生涯走成一条成长曲线。可事实上，总是会有各种突如其来的遭遇让这条线出现波折，让你不得不调整方向，重新做出选择。这些职业拐点往往会干扰你的计划，打乱你的节奏，在你准备迎接新的开始时，新的顾虑就此产生——那些职业生涯的变故应该出现在简历上吗？又应该如何出现？

面临挑战

你在自己的职业生涯中不可避免会遇到一些变故，这些变故通常会为你带来以下挑战。

- 离开供职多年的体制内工作，会不会被认为是"拜金"或"混不下去了"？
- 中途辞职选择回学校深造，会不会被认为是能力不够、发展受阻的被迫选择？
- 不连续的工作时间，会不会被认为是突然失业后的消极待业？

传统操作

在准备自己的简历时,你或许做过以下尝试。

- 删减掉失败的工作经历。
- 寻找猎头帮助自己进行简历"包装"。
- 参加各类面试技巧培训,提升相关方面的简历撰写水平和面试技巧。

当你尝试过以上这些传统操作,依然无法让面试企业感受到你的价值,难以拿到理想的职位,这说明你需要使用新的工具——"4拐点",助你收获想要的职位。

解决方案

在职场中,常见的职业拐点主要有4类(见图1-8):换跑道、升职位、换身份和升学历。企业在招聘的过程中通常会十分重视一个人的职业拐点,这些职业生涯中的里程碑事件,可以帮助企业清晰、快速地甄别出你的实力与潜能。

图1-8 4类职业拐点

由此可见,职业拐点是一把"双刃剑",它可以成为助力一个人职业发展的加分项,也会成为阻碍一个人职业发展的扣分项。因此,分情况运用合适的"加分法"激发 4 个职业拐点的积极效应尤为重要。

1. 换跑道——锐意进取加分法

在"换跑道"这一职业拐点上存在两种情景，一种情景是离开事业单位进入企业工作，这是从编制内向职业人的转变；另一种情景是换行业，比如，从教培机构跳槽到互联网公司，导致这一职业拐点产生的原因有很多，比如，受行业发展所迫，或者个人兴趣发生了转变，但最容易被他人"认定"的则是你是一个曾经的"失败者"——你在之前选择的职业道路上失败了，只能换个跑道重新开始。

那么，你应该如何摆脱这种印象呢？

不同的职业经历对应着不同的个人价值点（见图 1-9）。如果你是刚刚毕业一两年的职场新人，此时正处于职场探索期的你，职业生涯的规划还在形成之中，最突出的个人价值点就在于自我探索。因此，你应该在简历中，尤其是离职原因项中突出自己勇于尝试、不断探求的精神。如果你是已经有了多年工作经验的"职场老手"，换跑道对你而言将是一个难以轻易做出的决定，你需要面对机会与成本之间的抉择。因此，你应该在简历中强调自己在成熟之余依然敢于突破自我的工作履历。

图 1-9　换跑道的两种个人价值点

通过图 1-9，你可以发现这两种个人价值点实际上最终都聚焦在一个点上——锐意进取。

锐意进取，就是换跑道这一职业拐点的加分项。即便你的确是因为曾经的失败选择换跑道，在简历撰写时也要突出自己锐意进取的特点。在面试中被对方"打破砂锅问到底"的时候，如果能积极分享失败后的反思，展现自己锐意进取的态度，它就不会是你的扣分项，而会为你锦上添花。

此外，失败与经济损失、能力缺陷总是息息相关，任何企业都不希望"摊上"被它们缠身的员工。对失败经验的全面总结，能让企业感受到你的经济损失与能力缺陷已经在与老东家告别的时候修补完毕，此时的企业自然能欣然接受你。

2. 升职位——主动争取加分法

这里的"升职位"是指职业生涯的第一次晋升或跨层级晋升。比如，第一次成为管理者，或从中层管理者升到高层管理者。许多人会认为这是一个加分项，却没想到它成了最容易让面试者"被埋"的扣分项。

因为以常理判断，一个人在原企业处于职业上升期且发展势头良好时，并不容易考虑跳槽，除非他与企业之间发生了"重大变故"，导致其考虑外部机会。企业在看到这样的求职者时会比较警觉，怕"摊上事儿"，一般会做出相关的试探性提问，比如，"你在原企业发展得很好，为何要换工作呢？"

在往下阅读之前，你可以先认真思考：面对这个问题时，你将会如何回答？

绝大多数人在面对这一问题时，会给出两种回答（见图1-10）。你不妨比较一下自己的答案属于哪一种，再认真体会哪一种回答的效果更好。

此时，如果你将自己带入企业面试官的角色，面对图1-10中的两种回答，你会更愿意选择哪一位求职者？答案显而易见，你会更愿意选择下面一位求职者。

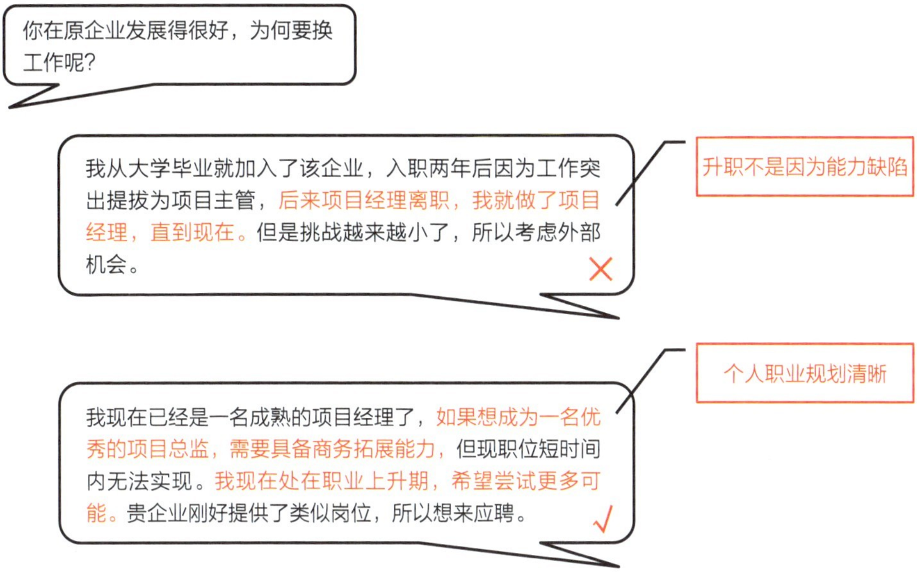

> 你在原企业发展得很好，为何要换工作呢？

> 我从大学毕业就加入了该企业，入职两年后因为工作突出提拔为项目主管，后来项目经理离职，我就做了项目经理，直到现在。但是挑战越来越小了，所以考虑外部机会。 ✗

升职不是因为能力缺陷

> 我现在已经是一名成熟的项目经理了，如果想成为一名优秀的项目总监，需要具备商务拓展能力，但现职位短时间内无法实现。我现在处在职业上升期，希望尝试更多可能。贵企业刚好提供了类似岗位，所以想来应聘。 ✓

个人职业规划清晰

图 1-10　升职位的两种回答

从两种回答的状态可以感知到，上面一位求职者在提及升职拐点时，将自己的升职形容成了"补位"。实际上，能获得职位的晋升自然与他突出的能力脱不开关系，但他没有找到这一职业拐点中的加分项，以至于将自己的晋升描述成上一任终于被他"耗走"，于是，他被动地"捡漏"到了更高的职位，并非靠自己的能力主动争取。

下面一位求职者的回答则是侧重于自己基于个人职业生涯规划主动出击，做出了选择，让人能明确感受到他不仅能立足当下，更看重未来。**这便是升职的加分项——主动争取加分法，你需要在面试官前表现出"我现在确实很好，但是我希望能更好"的积极状态。**

许多专业猎头都会建议职场人士在自己的职业上升期跳槽，认为这是最佳时机。因为，此时你可以更加全面、深入地分析新职位与新机会是否符合自身的职业生涯发展，可以冷静、理性地思考新待遇是否符合自身各方面的诉求。在这种深思熟虑之下做出的职业选择，将加速你的职业发展，新工作的稳定性也会更高，可谓你与企业双赢。

3. 换身份——"3把锤"加分法

"换身份"这一职业拐点通常有两种形式，一种是由员工投身创业者行列，从"给别人打工"转变为"给自己打工"；另一种是甲乙方身份的转换，比如，以前是一名咨询顾问，现在却跳槽成了企业里的职业经理人，这便从服务方变成了需求方，实现了甲乙方的身份互换。

企业在看到存在这一职业拐点的简历时，最担心的就是"你是否能适应新局面"。如果你的职业生涯正好存在这一拐点，你又该如何打消企业对此的顾虑？此时，你需要让企业看到，你有3把能"砸开"新局面的"锤子"，即情绪锤、挑战锤和解决方案锤（见图1-11），这"3把锤"便是能轻松消解对方后顾之忧的加分项。

图1-11 "3把锤"加分法

"情绪锤"可以"砸开"你与面试官的生疏屏障，让双方产生共鸣。让面试官感受你当下的心境，进而产生情感连接，以便于面试官"理解"你。一旦对方能与你共情，便能明白你的行为逻辑，赞同你的选择，这无疑能起到积极的加分作用。

"挑战锤"可以"砸开"面试官对于你的环境适应力的顾虑。"换身份"这一职业拐点所面临的挑战，无论针对何种形式、何种职业，本质上都具有一定的相似性。简而言之，相似经历的成功经验将能成为当下拐点的有效参考。如果你曾经面临过类似的职业拐点并且适应得不错，那么这样的经历就可以从侧面证明你的新环境适应力；如果你不曾在职业生涯遇见过这样的拐点，不妨回忆一下自己刚离开校园时从学生身份转变为员工身份的经历，甚至帮助其他人成功适应新环境的经历，这些同样值得参考。

"解决方案锤"可以"砸开"你在企业的薪资支付依据。只有能解决问题的人才是有价值的人，这是职场亘古不变的规矩。对于企业而言，如何给换身份的求职者定价一直是个头疼的问题，因为这样的求职者是少数，企业能参考的内部历史数据往往并不多。所以，根据求职者在上一任职企业的运营发展过程中所解决问题的核心程度来确定薪资待遇，是许多企业普遍采取的一种衡量方式。简而言之，你在上一任职企业解决过的问题越重要，你在新企业的面试分数就会越高，身价的溢价空间也会升高。

比如，张总打算离开任职 10 年的咨询公司，基于个人职业发展考虑，想尝试转化身份到甲方公司工作。张总意识到，企业会顾虑自己甲乙方身份转化的适应度问题，于是，他便在面试中做出了以下分享（见图 1-12）。

"我做出离开咨询公司这个决定时很<u>犹豫</u>，主要是<u>怕</u>不适应新的工作。好在我具备较强的环境适应能力，因为作为一名顾问，服务客户都是从完全陌生到逐渐熟悉。<u>咨询方案的成败，很大程度上由客户提供信息的质量决定，如果对方不能有效配合，咨询服务就无法推进，甚至有毁约风险。</u>因此，客户破冰是一名顾问必须掌握的能力。<u>我的破冰方式主要是多看少评论，这保证了我的客户回款率常年排在公司前三名的位置。</u>"	情绪锤 挑战锤 解决方案锤

图 1-12　张总分享换身份的经历

从这段分享不难看出，张总先用"情绪锤"与面试官进行了情感连接，再通过"挑战锤"主动分享了自己进行客户破冰工作的经历，从侧面反映自己对于新环境适应的技巧十分了解，紧接着通过"解决方案锤"证明了自己在上一任职企业的价值。在"3把锤"的组合运用下,张总不仅能轻松打消对方对自己"换身份"的顾虑,还为自己争取到了更好的身价。

4. 升学历——高成熟度加分法

近年来,很多职场人选择返回校园继续深造,无论再次经历了全日制还是非全日制的学习,深造后的大部分人都会重新择业。这时,一个尴尬的情况不请自来:与刚毕业的学生相比,他们是已有多年工作经验的职场老手,但从岗位经验或行业经历的维度考虑,他们又与刚毕业的学生无异,都需要从零开始。

那么,这些再次深造结束的职场人与刚毕业的学生相比,竞争力在哪里呢?

答案是成熟度。有工作经验的职场人具备基本的职业成熟度,无须企业培养。员工成熟度之于企业的重要性不容小觑,企业在将学生培养成职场人的过程中,将会耗费高昂的成本培训他们的职业成熟度,而培训的成功与否又受许多不确定因素的影响,以至于整个培训过程就像是一场"赌博"。

因此,当你经历了"升学历"这样的职业拐点,高成熟度将是你的加分项。在撰写简历时一定要有意识地甄选可以突出你高成熟度的工作履历。同时,在面试过程中应凸显你的高成熟度,让企业意识到你能帮他们节省下高昂的培训成本,他们将更加乐意选择你。

除此之外,良好的时间管理能力是所有企业都十分重视的能力,因为这直接影响一个人的工作效率。现阶段许多工作都在多线程并轨式情境下推进,如果没有优秀的时间管理能力,就很难高质量地完成工作。良好的时间管理能力同样也是高成熟度的人更易具备的能力。如果你有半工半读的深造经历,能在完成本职工作的情况下顺利毕业,将能证明你具备优秀的时间管理能力。若你同时还是孩子的家长,这份证明将更有力度。

工具总结

"4拐点"是一款简历亮点提炼工具（见表1-3），旨在针对不同的职业拐点聚焦不同的加分项，在规避误会的同时确保简历有足够的亮点，帮助你获得梦想职位。

表1-3 "4拐点"的加分项和附加分项清单

拐点	加分项	附加分项
换跑道	锐意进取	失败后的反思
升职位	主动争取	我现在确实很好，但是希望更好
换身份	"3把锤"	解决重大问题
升学历	高成熟度	时间管理能力强

工具 03 面试技巧:"昨日重现法",证明绝对价值

在你利用亮眼的简历顺利通过企业人力资源部门的初面之后,用人部门的复试挑战接踵而至。与初面对基础技能与个人经历的关注不同,复试更看重一个人在应聘岗位相关技能上的经验与能力。因此,通常求职者都会在面试时向面试官分享一段过往经验,以便对方考察自己从业资历的真实性。可许多人都没有意识到,这一分享行为往往恰巧是自己面试失败的原因。

面临挑战

虽然你向面试官分享过往经验是为了提升自身资历的真实性,但总是摆脱不了以下反效果的挑战。

- 泛泛而谈,没有逻辑性,真实性存疑。
- 想说的很多,但没有主次,对方认为你只是看过但没干过。
- 由于紧张导致表达混乱,听的人感到云里雾里,不知所云。

传统操作

为了避免在面试环节出现上述难题,你已经做过以下尝试。

- 尽可能详尽描述工作经历的细节。
- 提前精心准备一段过往经历分享。
- 准备一些书面材料作为证明，供对方了解。

当你尝试过以上这些传统操作，依然无法让面试的企业从过往经历中感受到你的价值，难以让过去的成绩赋能现在的自己，这说明你需要使用新的工具——"昨日重现法"，助你证明自身价值。

解决方案

企业之所以在看过你的简历之后仍然需要通过面试深入了解你的过往经历，正是为了验证你所展示的经历是否真实可靠。因为简历内容可以任意编写，而你的经历是否真实，一问便知。可见，在面试的过程中凸显自身昔日战绩的真实性是提升面试成功率的关键之一。"昨日重现法"通过4个方向可加强求职者面试表述的真实性。

方向1：昨日历史

求职者需清晰阐述某段经历发生的历史背景。

这里的历史背景包含6种细节（见图1-13），其中时间、角色、起因为描述类信息，即需要进行客观描述的信息；地点、结果、困难为"美化"类信息，即可以在描述时进行适度"美化"的信息。

那么，在描述某段经历的过程中，这6种历史背景细节信息具体又包含哪些内容呢？

（1）时间

即某段经历发生的具体时间。

（2）角色

即你在某段经历中扮演怎样的角色，是执行者还是管理者。大部分求职者都会在这一背景信息上花"小心思",认为拔高自己有利于通过面试,却反而因为故作聪明的举动导致自己遭受质疑。事实上,面试官往往经验丰富,他们能从求职者的三言两语及声行状态判断对方是否真的任其职、行其事,实事求是才是最佳选择。

图 1-13　6 种历史背景细节信息

（3）起因

即引发某段经历的缘由。某段经历可能是由某个挑战引起的,也可能是为了解决某个问题或满足某种需求,据实相告即可。

（4）地点

即某段经历发生的地点或范围,你可以通过横向扩大范围"美化"该信息点。

（5）结果

即某段经历对你曾任职企业的影响。这个影响结果在描述过程中要进行必要的"美化"说明，通过尽可能细致的量化内容提升工作经历的价值（见图1-14）。

直接描述：为公司解决了一个财务纠纷

"美化"描述：为公司挽回直接经济损失**元，间接经济损失**元

图1-14 结果的两种描述

上图中分别展示了两种对于结果的描述方式：直接描述和"美化"描述。比较后不难发现，"美化"描述中量化的细节不仅让整件事有据可循，说服力大增，而且相较于直接描述，"美化"描述更能体现该经历中财务纠纷对于企业的影响，这对于强化自身价值有极大的帮助。

（6）困难

即你在某段经历中所遇到的阻碍。在进行此部分表述时，你需要将自己曾面临过的不同阻碍表达清楚，充分展现自己的问题解决能力。比如，你在向面试官描述某项具有挑战性的工作时，除了工作本身的困难外，还可以补充描述你在人际关系或者利益分配产生冲突时的困难。这将升级你所面临阻碍的难度，比起解决单一难度的阻碍，能顺利解决复杂的高难度阻碍，显然更容易赢得面试官的认可。

方向2：昨日反思

反思基于个人经历的"三做"。

许多面试官都会在求职者描述完过往经历后，跟进这样一个问题："你在这段经历里有什么收获？"常见的回答基本都是对成功经验或失败经验的总结。但多数求职者都不会在这一话题上深聊，尤其会担心在失败经验上"大谈特谈"将过度强调自身缺陷，以至于为自己的面试减分。可正是因为这种顾虑与回避，容易让企业误会你以后会"重蹈覆辙"，这才是真正

的减分行为。

那么，你应该如何回答此类经验收获问题呢？

通过反思"三做"，你可以基于自己想要描述的经历，详细从自己决定开始做什么、停止做什么、继续做什么3个方面回答（见图1-15）。

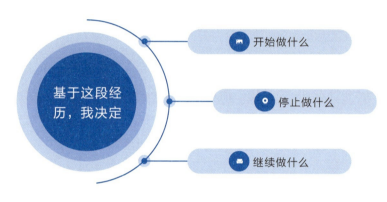

图 1-15　反思"三做"

比如，你在向面试官讲述一段因为没有提前做好时间规划导致工作延期交付的经历时，可以这样进行总结："基于这段经验，我决定开始系统化设计工作时间表，明确里程碑时间；停止做分项工作的时间计划，因为遇到多线程工作时，单项之间很可能会有冲突；继续做好事前时间管理工作，我感觉管理好时间就能提升效率和效果，这是非常有利于工作完成的。"

上述例子看似在分享一段失败的经历，但实际是在重点强调失败后的反思与收获。在这样一段描述中，面试官的注意力从对工作问题的定性，转移到了了解你是如何分析问题、解决问题、改进方案等行动之上。

正所谓"失败是成功之母"，许多成功都建立在对失败的反思以及后续的查漏补缺之上，企业甄选人才时担心的不是你曾经的失败，而是你是否会一败再败。一个能从失败的经历中总结经验，并且做出有价值的改进的人，不仅不会被企业"否认"，还能获得更高的认可，提升面试成功率。

方向 3：重现体验

让面试官"感同身受"。

让面试官对你的经历"感同身受",可以大幅提升自己过往经历的可信度。要做到这一点,你需要让对方在倾听你的描述时有画面感。具体方式为调动对方的五感:听觉、视觉、味觉、触觉与嗅觉。比如下述重现体验的例子。

普通版:客户对我的工作认可让我很高兴。

"感同身受"版:当我听到客户感叹所交付的产品解决了他们的大问题时,我觉得一切付出都是值得的。

在这个例子中,普通版相比"感同身受"版,不仅诚意略显单薄,感染力也不强。纯粹的文字很难直接传递情绪,而画面却可以做到,"感同身受"版的描述方式正是在通过文字向对方还原画面,于是便实现了让面试官"感同身受"的效果。"感同身受"的描述公式如图1-16所示。

图 1-16　"感同身受"描述公式

方向 4：重现经历

导览式经历介绍。

既然面试是回顾过往经历,那么其核心内容自然是具体的事件,你需要做到全面阐述、重点突出,以便面试官充分了解你的"昔日战绩",最大限度地整合展示自身优势,提升面试成功率。

如果将这一过程看作导游带领游客参观名胜古迹,你的"昔日战绩"

就是重要景点，而你本人则是负责带领面试官这样的游客参观景区的导游。当游客来到景区时，导游要先带领游客进行景区概览，即你首先应该带领面试官对你进行经历概览。向对方清晰介绍某段经历中整体的工作流程与策略，以及你整合了哪些系统能力实现目标。接下来是导游向游客介绍核心景点的时间，这意味在面试官对你的经历概览结束后，你应该选出最能体现自身价值的经历进行重点介绍，并且让面试官意识到这段内容是核心。

如何让面试官明确感知此时的内容是核心呢？你需要在分享时进行语言上的明示与强调。比如，表示"这个是关键""这里是重点""这就是核心"等（见图1-17），以确保面试官的注意力与你保持同一节奏。

图1-17　导览式经历介绍

至此，"昨日重现法"涉及的4个方向均介绍完毕。虽然面试时间有限，但你仍然应该争取在面试中尽力涉及4个方向的内容。因为空有历史背景没有提炼反思的经历，难以使你得到价值上的升华；只有个人感受没有经历重现,则无法证明你有胜任新工作的能力……只有通过"昨日重现法"的 4 个方向,向面试官全方位展现你的经历,才能让对方看清你的能力与个人价值。

工具总结

"昨日重现法"是一款信息分享工具(见图 1-18),旨在通过个人经历展示,让面试官了解你真正的价值,进而认可你的能力,帮助你顺利通过面试,获得梦想职位。

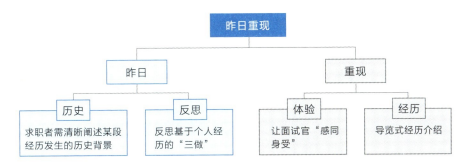

图 1-18 "昨日重现法"4 个方向

职位选择:"探照镜",照出梦想职位

由于客观存在的信息不对称、有效信息传播不畅等现况,许多人在求职过程中或许会遇到"滤镜"效应,即面试时对企业的了解与判断,和入职一段时间后的结论"天差地别"。这导致许多人在职场中被迫成为"匆匆过客",难以在一处久留。频繁的跳槽无疑会影响到职场人的职业发展。那么,如何让自己的工作安定下来呢?解决这个问题,一定要从源头抓起——你在面试阶段不能仅仅关注面试岗位的待遇,而应该第一时间深入探查、评判眼前的企业是否适合你的长期发展。

面临挑战

因为你的面试过程好像在透过一层"滤镜"看企业,这层"滤镜"很有可能美化、掩盖了许多你本不认可的信息,这样的顾虑导致你在面试时总会面对以下挑战。

- 总觉得面试官在套你的话,并不是真的想招聘。
- 总觉得信息不对称,对于新机会犹豫不决,错失良机。
- 希望能从更多渠道了解企业,却苦于资源有限。

传统操作

在准备面试时,为了去掉"滤镜",你已经做过以下尝试。

- 向对方企业员工和猎头打听企业相关信息。
- 在网上搜索关于这家企业的各种资讯。
- 购买相关书籍或培训,不断提升环境适应力。

当你尝试过这些传统操作,依然无法全面了解企业,因不适应所致的频繁跳槽仍然在你身上频频发生,这说明你需要新的工具——"探照镜",为你提供帮助。

解决方案

所谓"探照镜",就是帮助你打破那层朦胧的"滤镜",照出企业"真面目"的工具。通常情况下,为你定位梦想职位的"探照"工作分别由内驱力、自控力及学习力3面"探照镜"完成(见图1-19)。

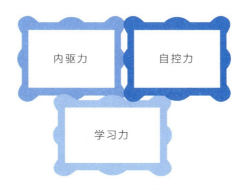

图 1-19 梦想职位"探照镜"

在这3面"探照镜"的帮助下,你将更容易真实了解面前的企业是否符合自身诉求。

1. 内驱力照出企业真实绩效风格

人只有具备自我驱动的能力，才能达成目标，企业也是如此。由于诉求的不同，内驱力分为3类（见图1-20）。对于企业而言，不同的内驱力造就了不同的绩效风格。通常情况下，只有企业的绩效风格令你认可，让你满意，你才能在该企业找到公平感，有了公平感才能让你放心地在这家企业工作，发挥出最大的自我价值。

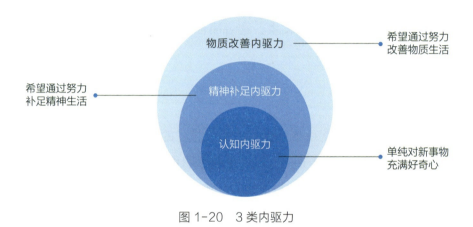

图1-20　3类内驱力

但是，你很难在面试过程中准确判断一家企业的绩效风格，可企业会在面试时简单介绍自己的激励机制，也就是企业的核心内驱力，此时你可以靠内驱力照出该企业的真实绩效风格。

（1）物质改善内驱力

这是最基础的一种内驱力，即为了获得更好的物质生活而产生的内驱力。比如，企业以获得更高的物质报酬激励员工拿出更好的成绩，多劳多得。这也是许多企业，尤其是浮动收入占比较高的企业的核心内驱力。

仅有此类内驱力的企业，真实绩效风格"简单直接"，能力成果与物质回报是一切，能很好地满足你的物质需求，但缺乏对你潜能的挖掘以及资质的培养。如果你也是单纯依靠物质改善内驱力的人，那么该类企业很适合你。

（2）精神补足内驱力

对于一些高端岗位或智力、资本密集型的企业而言，单纯由物质改善内驱力创造的成绩与效果，并不是它们最终的追求，它们通常会同步启动第二类内驱力，即**以获得权力或成就感等精神补足收益而触发的内驱力——精神补足内驱力**。

在专业门槛较高的行业眼中，精神层面的补足比物质改善更重要，此时驱动力的动力源逐步从事向人过渡。比如，企业会注重对员工进行领导力的培养，关心员工职业生涯的良性发展，在物质奖励以外增加员工心理健康管理服务、公费培训等，这些精神激励都是为了补足精神生活上的诉求。

显然，具备此类内驱力的企业真实绩效风格不再仅拘于员工的已有成绩，更注重他们的潜力与前景，也更关心每一位员工的精神健康。如果你追求更深入的认同感、更长远的发展，以及精神世界的富足，这类企业才是你的最优选。但这里有个隐含的前提条件，就是此时你已经拥有了一定的经济基础，只有物质需求被满足了，你对精神需求的考虑才有意义。

（3）认知内驱力

最后一类内驱力是**认知内驱力**，这是人类最原始、本质的驱动力，即单纯因为好奇心去做一件事。

如今的职场存在一个怪圈，有一部分执着于以兴趣爱好作为职业的人，即便他们对报酬与个人晋升没有过高的要求与迫切的追求，还是很难找到合适的工作。究其原因，无非是愿意投入精力与成本激励员工好奇心的企业实在太少——这样的选择很难在短时间内帮助企业变现，除非是拥有巨大资金储备的企业，否则往往还没"跑到位"就濒临破产。

如果你想要做自己感兴趣的事情，不愿意自己的能力及正在做的事情完全由即时变现效果定义，希望自己的好奇心与兴趣点被重视，那么，最能让你在工作中体验到乐趣与自我价值的企业就是具备认知内驱力的企业。这样的企业会拥有令你满意的绩效风格，而往往这样的企业都有一个共性，即资本雄厚，否则企业很难持续为员工的好奇心"买单"。

2. 自控力照出真实企业底线

你或许也曾担忧过自己所面试的企业是否有底线——一家做事没有底线的企业，不仅会损害自己的职业形象，甚至还会对自己未来的职业发展带来不良影响。可是，你又该如何识别一家企业的底线呢？此时，你只需要花些功夫观察这家企业员工的自控力即可。通常来说，自控力可以被分为4类（见图1-21），而自控力便是照出企业底线的"探照镜"。

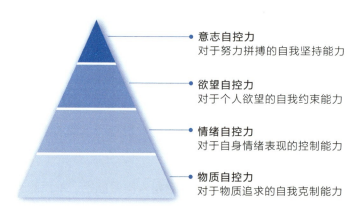

图 1-21 4类自控力

上图中的4类自控力由下至上难度逐渐加大。

（1）最基础的物质自控力是对于物质追求的自我克制能力。企业如果存在贪腐问题，则是连最基础的自控力都不具备。那么，该企业则几乎毫无底线。反之，如果企业只能监督员工的物质自控力，则意味着该企业的底线处于**最低级**。

（2）情绪自控力是对于自身情绪表现的控制能力。这一点主要表现为是否有员工总是不分场合地表现出歇斯底里的状态，助长此类行为发生的企业情绪自控力较差，企业底线较低。如果企业不存在物质自控力的麻烦，却仅能监督员工的情绪自控力，则意味着该企业的底线处于**次低级**。

（3）欲望自控力是对于个人欲望的自我约束能力。观察该企业被评价为"很自私"的员工是否很多，如果是，说明该企业的欲望自控力较差。如果一家企业不存在前两个问题，而在这一问题上处得不错，则意味着该企业的底线处于**次高级**。

（4）意志自控力是对于努力拼搏的自我坚持能力，主要指面对逆境能否自我坚持。企业中的员工如果不再被前3种自控力问题干扰，集中精力在思考和锻炼意志自控力，则意味着该企业的底线处于**最高级**。

身为求职者的你，最理想的状态不是直接登顶达到最高级，而是找到一家员工自控力层次高你一层的企业，这样会更有助于你适应工作且有效促进未来职业发展。

以销售员阿坤为例，他原则性极强，对于"拿回扣"现象深恶痛绝，坚决不做有损于企业集体利益的事情。但他的情绪控制能力较薄弱，该自控力对应的是最低级的底线。因此，最适合阿坤的企业应该是一家底线处于次低级的企业，即员工拥有情绪自控力的企业。如此一来，阿坤不仅能保证自己可以在任职期间守住底线，还能同时学习如何进行情绪自控，帮助自己未来的发展更上一层。

3. 学习力照出企业真实工作风格

许多企业在面试时都会强调自己一直在拥抱创新，可是当你满怀希望地入职后，却发现这不过是个虚假的噱头。那么，身为求职者的你究竟该如何探知到企业真实的工作风格呢？

这一次，你只需观察面试官是如何对你进行面试的，便能相对准确地判断企业的真实工作风格。此时能够帮助你的就是学习力这面"探照镜"。面试官通过面试了解你的过程，事实上也是一段学习新信息的过程，拥有不同学习力的面试官会在这一过程中表现出不同的关注方式（见图1-22）。

为什么通过面试场景就能预判企业员工的学习力？这是因为获取新信息并及时处理与反馈是工作中非常普遍的一个场景，并且一个人在该场景中的信息获取模式由其学习习惯决定。因此，行为表现是相对稳定的。面试场景可以成为你判断该企业员工学习力的依据，并且学习力也能侧面反映该企业的工作风格。

	干了再说	三思后行
实操多	敢于创新，不按常理出牌 1	经验复刻，完全按照过往经验按部就班地行动 3
看书多	究根问底，首先要明确目的和意义才会行动 2	善于分析，对信息全面了解后才会行动 4

图 1-22　学习力矩阵

如上图所示，新信息的获取方式主要分为纵向的"实操"与"看书"两种，表现在面试场景中则主要对应"问题类型丰富、全面，不局限于个人简历与岗位要求"与"问题主要集中在对个人简历中提及的信息与岗位要求的深挖"两种情况。对于新信息的处理态度主要分为横向的"干了再说"和"三思后行"两种，其与纵向的信息获取方式形成的学习力矩阵中所描述的工作风格，即能体现面试场景中所对应的面试官表现。

如果面试官在面试过程中总是不按常理出牌，那么他很可能是拥有第 1 类学习力的实干型创新者，该企业的工作风格也可能如此；如果面试官总喜欢问"为什么"，并且提出的是诸如目的或意义类的问题，那么他可能是一位偏向第 2 类学习力的刨根问底者，该企业的工作风格也很可能如此；如果面试官对你相关从业经验的关注度大于对你专业资质的关注度，并且对于你做过什么项目十分感兴趣，那么他可能拥有第 3 类学习力，是个按部就班与循规蹈矩者，该企业的工作风格也可能如此；如果面试官喜欢基于你的简历内容进行深度提问且问题之间有一定逻辑顺序，那么他可能是一位善于分析的第 4 类学习力拥有者，该企业的工作风格也可能如此。

这 4 类学习力所代表的工作风格并没有高低好坏之分，你只需要考虑它是否与自己的工作习惯相适配。正所谓人以群分，当你与企业的工作风格相似、相同时，你可以更快速地适应新环境，你的职场之路也会走得更加顺畅。因此，你可以先根据学习力矩阵找到自己的学习力类型，明确自己的工作风格，然后根据对方在面试场景中所表现出来的学习力类型判断该企业的工作风格。其中，最难配合的是处于对角线上的两种学习力类型，即第 1 类学习力的人很难与第 4 类学习力的人共事，第 2 类学习力的人很难与第 3 类学习力的人共事。

工具总结

"探照镜"是一款职位适配度甄别工具（见表 1-4），旨在照出真实的企业情况，确保求职者在面试时对于意向企业有一个较为客观的了解，再根据自身特点和诉求进行理性选择，确保"越跳越高"。

表 1-4 "探照镜"工具应用情况

探照镜	目的	"探照"技巧
内驱力	照出企业真实绩效风格	自我驱动力要与企业激励机制的核心主张一致，才能获得"双赢"的结局
自控力	照出真实企业底线	找到一家在你的自控力层次之上的企业，这样适应性会更好且未来发展也会更顺畅
学习力	照出企业真实工作风格	运用学习力矩阵找到与自己适配的工作伙伴

工具 05 内部竞聘："5点清单"，备战组织竞聘

近年来，越来越多的企业意识到从内部选聘的性价比要远高于从外部招募，因为组织内的老员工更了解企业，即便面对新岗位也会有较强的适应性。所以，内部竞聘是企业针对岗位补充员工或考虑员工晋升的有效手段。当你有竞聘需求时，就要开始为组织内竞聘准备相关材料，与之相关的挑战也接踵而来。

面临挑战

相比跳槽，如果你选择参与内部选聘，自己往往会做更充分的准备，因为每个人都不愿意在"熟人"面前失败，可最终的结果却事与愿违，让你深陷以下挑战。

- 竞聘方案没有竞争力，没有抓住竞聘岗位的痛点问题，导致最终失败。
- 由于对竞聘岗位情况不了解，所以竞选方案不具落地性，导致最终失败。
- 由于不善于宣讲，无法抓住面试官的注意力，导致最终失败。

传统操作

在备战竞聘时，你也许做过以下尝试。

- 解析现实问题,给出解决方案。
- 规划到岗后的工作计划和步骤。
- 系统了解竞聘岗位各方面的信息。

当你尝试过以上这些传统操作,依然无法保证自己可以获胜,这说明你需要使用新的工具——"5点清单",帮你做好充足的竞聘材料准备。

解决方案

准备竞聘材料可分为两步,在这两步里你应该重点关注5点。首先是第一步——内容准备,即竞聘方案的主体,你需要从痛点、爽点及重点着手;其次是第二步——形式选择,即竞聘时对临场表达的设计,你需要从切点和燃点着手。通常情况下,只要先依照这5点列出清单,就能轻松完成内部竞聘材料的准备。

1. 内容要抓住痛点

企业的内部竞聘都会让你围绕某些管理问题给出解决方案,以此甄别你与需求岗位的匹配度。而在这一环节中第一个被抛出的问题就是:**都是哪里出现了问题?** 在思考这一问题的答案时,你一定要抓住5处痛点进行全面考量(见图1-23)。

图 1-23 抓住 5 处痛点

第 1 处痛点是行业问题，即行业趋势问题或监管问题。有许多企业陷入困境甚至"销声匿迹"，并非由企业自身的个例问题导致，而是因为在经历整个行业的兴衰。所以在分析问题时，你一定要结合外部环境，关注整个行业的发展情况，以确保自己能准确把控全局。

第 2 处痛点是客户问题。客户一直是以盈利为目的的企业最为关注的对象，许多业务与管理上的问题都与客户有着千丝万缕的联系。因此，企业中不仅是前台岗位需要关注客户，中台与后台岗位也需要具有客户思维，这样才能更好地为前台提供让客户满意的支持服务。当你抓痛点懂得思考客户问题时，你的竞聘成功率无疑又会有一个大提升。

第 3 处痛点是流程问题。有时企业的问题会出现在内部建设上。比如，服务流程过长或管理流程混乱。无论是流程混乱、流程缺失还是流程过多，内部建设上的任何一种流程问题，都会成为影响工作效率、制约企业发展的关键因素。因此，你在做问题分析时不可绕开相关问题。

第 4 处痛点是管理问题。如果说流程问题是聚焦各种硬性制度的建设，那么管理问题就是关注软性规则的习惯培养。比如，责任、权力、利益的分配，团队的分工协作，企业的文化搭建等，这些规则是企业永续经营的重要助力。

第 5 处痛点是突发问题。比如，供应商突然断供、疫情来袭、突发洪灾等，当这些问题骤然而至，企业应该如何减少自己的损失？这一定是许多企业都有兴趣了解的问题。因此，你在准备痛点问题的时候也应加入对该问题的思考。但需要注意的是，这一类问题具有较强的时效性，只有"与时俱进"的思考才更有价值与吸引力。

为了确保竞聘材料能牢抓痛点，你可以多点结合，以不少于 3 个问题的角度进行痛点分析，以增加竞聘材料的吸引力，提升竞聘成功率。

2. 内容要挖掘爽点

当你为企业发现问题后，比解决问题要先一步讨论的就是企业解决该问题的价值点在哪里。这一过程其实就是帮助企业挖掘爽点的过程，你需要让企业知道该问题先于其他问题被解决的必要性。

那么，你应该从哪些方面凸显这一必要性呢？通常来说，你可以挖掘5处爽点为企业展现解决某一问题的价值点（见图1-24）。

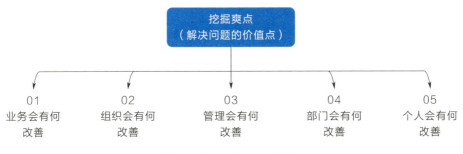

图1-24 挖掘5处爽点

以销售员阿坤为例，近期企业内部组织了销售经理的竞聘，并给出了相关试题：希望所有竞聘者针对企业受疫情影响导致业绩下滑的现况，给出解决方案。阿坤认为应该首先解决渠道问题，做好个人客户端的下沉工作，即增添2C业务，并挖掘5处爽点解决该问题（见图1-25）。

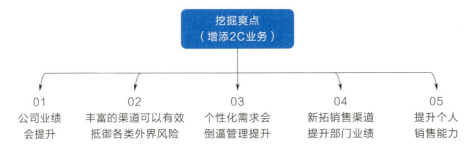

图1-25 挖掘爽点示例

从上图可以看出，阿坤基于该问题挖掘出的 5 项"提升"，优势充分且范围周全，清晰展现了解决该问题的爽点，即能为企业带来的价值点。经过这番爽点挖掘，该问题的含金量直线上升，虽然落地性还有待探讨，但如此缜密翔实的思考逻辑，显然足以赢得面试官的青睐与重视。

3. 内容要明晰重点

通过前面的两点，你已经将竞聘材料的内容部分处理得较为完善，只需要顺势给出具体的解决方案即可。但需要注意的是，你向面试官给出解决方案，应该针对核心问题，方案不求数量，至多不超过 3 条，但应求质量与精准度。简而言之，你要在自己构想的方案中筛选出最能应对核心问题的方案，让面试官能第一时间看到方案的重点，这同样也是你能力的重点。

4. 形式要设计切点

在竞聘材料的内容部分准备完毕后，你的竞聘过程已走过了一半，另外一半的进度即你对竞聘流程的临场设计。这里尤为重要的环节就是开场部分，只有在开场就紧抓面试官的注意力，才能让你的所有竞聘表现拥有更加充分的展示效果。

那么，你应该如何在开场进行抓人眼球的有效切入呢？通常情况下，有 5 类切点设计可供选择（见图 1-26）。

图 1-26　设计 5 类切点

以阿坤提出的增添 2C 业务渠道为例。开场时，阿坤选择从数据分析切入，向面试官展示出企业业绩在 2022 年已经同比下降了 40%。为了突出数据的变化，阿坤还在竞聘 PPT 中增加了一张展现数据的柱状图（见图 1-27）。

图 1-27　设计切入点示例

如果阿坤单纯介绍 2022 年的业绩有下降，这个开场便会显得无甚力度。但当阿坤将具体的数据分析呈现出来，尤其是通过图表的形式突出数据的变化时，话题的感染力与穿透力便发生了改变，这样的开场显然能第一时间抓人眼球。

除此之外，你还可以选择做典型的现状问题分析、行业政策分析，以此为背景提升问题解决的迫切程度和重要程度，确保面试官的注意力集中在解决方案上。

如果是问题明晰且主要需要你提供解决方案的竞聘，可以从方案概述直切主题。可先用一句话简单介绍自己的方案，比如"针对现在业绩下滑的问题，我的解决方案是开拓新渠道，向下游延伸提升市场掌控度"。又或者，你可以表达执行的决心，以明确态度的角度切入主题，让面试官看到你的立场，让你给出的方案更鲜明。

你需要为你的竞聘面试设计至少两种不同切入点的开场,以便现场视情况灵活调整。如果你的竞聘只涉及书面内容的提交,不需要面试,则可运用后文将描述的"3 盏聚光灯"(详见工具 18)与"开门见喜"(详见工具 24)两个工具进行书面内容的开头撰写。

5. 形式要制造燃点

利用开场的切入设计将面试官的注意力吸引过来并不算胜利,能保持住这份关注度才算成功。如何才能保证面试官在你面前不走神?这就需要你在面试过程中适度制造燃点,确保面试官的注意力能跟着你的思路走(见图 1-28)。

图 1-28 制造 5 种燃点

在面试官好奇你的方案时,你可以使用"SWOT 分析"进行解释说明(见图 1-29),并为之匹配具体的分析数据以佐证观点,让整体方案看起来更具有落地性和探讨价值。

通过上图你可以得到 4 种具有不同燃点的方案阐述方式,为确保方案的落地性与最终效果,通常情况下,"1"和"2"这两种燃点侧重方案是更优选,因为它们着眼的是擅长的事情,其成功率与完成后的性价比都更高。

因此,你在进行方案设计时要着重思考"如何发挥优势从机遇中获利"以及"如何发挥优势,减少威胁发生的可能性及其影响"这两个问题,以便在面试过程中能更好地表现出你对前景的充分预估。加入这样的思考,还可以向面试官传递"我认真思考了这个问题"的积极态度，争取更多的好感。

	S（优势）	W（劣势）
O（机会）	如何发挥优势从机遇中获利？ 1	如何利用机遇克服劣势？ 3
T（挑战）	如何发挥优势，减少威胁发生的可能性及其影响？ 2	如何应对劣势，使其避免或者克服威胁？ 4

图 1-29 "SWOT 分析"示例

工具总结

"5 点清单"是一个帮助你明确竞聘资料准备清单的工具（见表 1-5），旨在通过充分准备材料、精心设计面试内容，确保你在竞聘中脱颖而出，获得梦想职位。

表 1-5 竞聘材料清单

项目	针对竞聘
抓住痛点（都是哪里出现了问题）	行业问题
	客户问题
	流程问题
	管理问题
	突发问题

（续）

项目	针对竞聘
挖掘爽点（解决问题的价值点）	业务会有何改善
	组织会有何改善
	管理会有何改善
	部门会有何改善
	个人会有何改善
明晰重点（你的核心价值体现）	不超过3条解决方案策略描述
设计切点（如何开场切正题）	数据分析
	现状问题
	行业政策
	方案概述
	明确态度
制造燃点（如何保证面试官不走神）	思考全面
	有理有据
	方案落地
	规划可选
	放眼未来

高光时刻

畅享职场人生的 30 个实用工具

第二阶段

试用期内，快速融入新团队

你终于开启了自己心仪的职场之路，但此刻你走出的每一步都喜忧参半：试用期的自己总会为自己能否真正成为新团队中的一员而担心。事实上，想要获得新领导的垂青、新同事的认同，投其所好最为关键。5 个工具，将助你在试用期快速融入新团队，成功转正，从新兵蜕变成老兵。

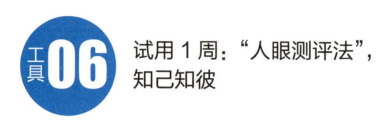

工具 06 试用1周:"人眼测评法",知己知彼

在你成功通过面试之后,你便迎来了关键的试用期。在此期间,你的表现决定着你在新职位上的发展前景。如果你能在新环境中做到知己知彼,了解新领导的管理风格,迅速融入新环境,转正便不再是职场难题。可是,你应该如何做到知己知彼呢?通常情况下,了解一个人最简单快速的方式是直接询问,或者让对方完成一份相关测评。但显然,现实职场中很难通过这两种方式了解新领导与新同事。因此,掌握一种新的"识人"方式迫在眉睫。

面临挑战

试用期是每个人证明自身能力的关键时刻,而熟悉环境、融入环境是展现自我的第一步,许多人苦于没有好的方法,在与新领导、新同事相互熟悉的过程中总会面临以下挑战。

- 积极在领导面前"拍马屁",却将"马屁"拍到"马蹄"上。
- 经常主动挑起话题,却不小心触到他人底线。
- 沟通不得要领,被他人贴上"情商低"的标签。

传统操作

在积极融入新环境的过程中，你或许尝试过以下传统操作。

- 积极与新同事互动，想要拉近关系。
- 勤于观察了解团队和领导的工作风格。
- 主动了解公司各项要求，希望融入团队。

当你尝试过以上这些传统操作，依然无法了解新同事、新领导、新环境，在同事们眼中你仍旧是一位需要时间磨合的"特殊分子"，这说明你需要使用新的工具——"人眼测评法"，为你打破僵局。

解决方案

"人眼测评法"准确的全称为"人眼识别领导力测评"⊖，这是一个通过两步操作且不动声色地了解对方领导力风格的工具（见图 2-1）。在此需要强调的是，该工具仅适用于甄别上级与同级工作伙伴的管理风格，如果你是新任上级，想了解自己下级的工作能力，建议使用"人才盘点 3 问"（详见工具 10），效果更好。

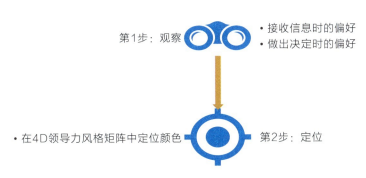

图 2-1　"人眼测评法"的两步操作

⊖ 人眼识别领导力测评的理论技术来自 4D 领导力，相关详细内容参见查理·佩勒林的《4D 卓越团队：美国宇航局的管理法则》。

第1步：观察

"善变"是人的本性，职场人更是需要像"变色龙"一样随时调整自己的状态以便更适应整个工作环境与节奏。那么，你究竟要如何在这样的变化中准确判断一个人的风格特点呢？多项研究表明，如果以不同场景区分，每个人在单一场景中的行为模式总是相对稳定的。也就是说，你可以通过在高频发生的某一固定场景中持续观察对方的行为偏好，判断对方的行事风格。

在职场中，高频发生的场景通常为获取信息的场景与制定决策的场景。同时，这两个场景往往是易于观察的开放式场景。你在观察这两个场景下的新领导与新同事时，有如下两个观察侧重点（见图2-2）。

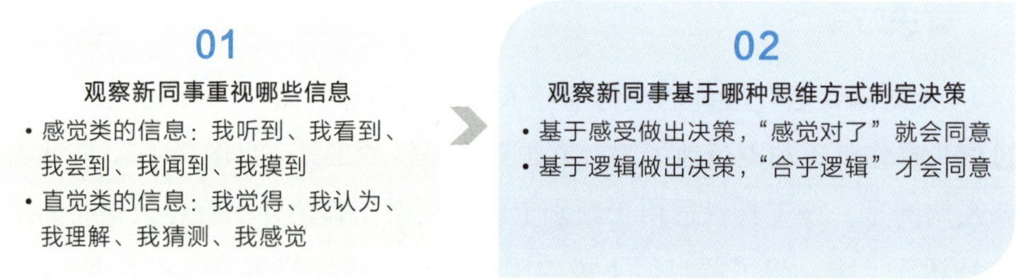

01
观察新同事重视哪些信息
- 感觉类的信息：我听到、我看到、我尝到、我闻到、我摸到
- 直觉类的信息：我觉得、我认为、我理解、我猜测、我感觉

02
观察新同事基于哪种思维方式制定决策
- 基于感受做出决策，"感觉对了"就会同意
- 基于逻辑做出决策，"合乎逻辑"才会同意

图2-2　获取信息场景与制定决策场景的观察侧重点

从上图可见，"01"是**获取信息场景**。在该场景中，你应该关注对方更重视哪些信息。通常情况下，每个人获取到的信息可分为两类。

第1类是感觉类的信息，即"五感"，分别是听觉、视觉、味觉、嗅觉、触觉。在绝大多数职场环境中，来自听觉与视觉的信息更为常见。如果对方主要是通过听觉获取信息，偏爱通过微信语音或者电话进行工作细节的了解与沟通，那么这类人对于声音会很敏感，他们善于从对方的语言、语调甚至语气中获取信息；如果对方主要是通过视觉获取信息，偏爱阅读、浏览可视化的资料文件，那么这类人会更关注他人工作中的细节是否到位，重视事实信息。

第 2 类是直觉类的信息，这类信息往往伴随着"我觉得""我认为""我理解""我猜测""我感觉"等口头禅出现。重视直觉类的信息的人喜欢对信息进行"二次加工"，尤其是将自身经验融入其中。这类人在沟通时会习惯性地停下来思考，此时他们正在脑海中运用自己的知识体系与经验，将新信息进行"自我转化"，探索更多的"可能性"。面对这类人，你只需要详细、准确地传达必要信息，并且在他们思考的时候给予耐心即可，不必急于得到答复。

"02"是制定决策场景。在该场景中，你应该关注对方是基于哪种思维方式制定决策。通常情况下，每个人的思维方式可分为两大类。

第 1 类是感性思维，拥有感性思维的人通常会基于感受制定决策。这一类人时常被称为"性情中人"，凭"感觉"行动。他们在工作过程中充满活力，决策效率高，但也因此较为情绪化。当这类人身负管理责任时，他们会更重视人的能动性，喜欢和谐的团队氛围，热衷于等所有合作对象达成共识后再行动。因此，你在面对这类新领导与新同事时，需要以热情活跃的态度面对工作安排，在工作中要有共赢意识，并积极配合团队的工作。

第 2 类是理性思维，拥有理性思维的人通常会基于逻辑制定决策。这一类人往往较为理性、客观，重视思考与分析的过程，决策效率虽然时常会不如拥有感性思维的人，但是经过他们深思熟虑的决策会更稳妥、更精确。当这类人身负管理责任时，他们会更重视工作内容的本质，以结果为导向。因此，你在面对这类新领导与新同事时，需要同样以沉着、冷静的心态面对工作事务，凡事多思考，尽量在十拿九稳的状态下做出决定。

第 2 步：定位

经过第 1 步的观察后，你需要将新领导或新同事的行为在 4D 领导力风格矩阵里进行定位（见图 2-3），前期的观察越细致、准确，此时的定位便越精准。

图 2-3　4D 领导力风格矩阵

上图中的 4 种颜色分别代表了 4 种不同的领导力风格。所谓领导力，即通过有效整合各类资源，最大化实现工作目标，提升工作效能的能力。它并非只存在于企业内的领导者身上，每个恪尽职守的优秀员工都需要具备这种能力，而这种能力的风格状态，便代表着每个人在职场工作中的"处世之道"。以下对于 4 种领导力风格进行详细阐述。

绿色领导力风格，它是上图中 4 种领导力风格中最在意感受体验的一类。具备绿色领导力风格的人更关注他人的软能力，比如是否拥有管理能力、沟通能力、协作能力等。如果你的新领导或新同事是绿色领导力风格，他们会更在意你对于愿景、价值观等企业文化的理解与认可程度，希望看到或与你建立起持续发展的合作状态。在面对这一类领导者时，向他拿出你的发展蓝图要远胜于让他看你的计划时间表。

黄色领导力风格，它是 4 种领导力风格中最在意团队协同的一类。具备黄色领导力风格的人更关注团队中的人际关系。比如，是否拥有众人的合作精神、同理心、包容度等团队关系处理能力。如果你的新领导或新同事是黄色领导力风格，他们会以和为贵，重视如何避免人际冲突，希望看到更多具有团队精神的团队协作行动。在面对这一类领导者时，即便你能力不错，一旦你喜欢做"独狼"，那么你的能力在他心中也会大打折扣。

蓝色领导力风格，它是 4 种领导力风格中的"技术派"。具备蓝色领导力风格的人更关注他人的硬实力。比如，是否拥有技术、创新力、研发能力等。如果你的新领导或新同事是蓝色领导力风格，你在汇报和交流工作时一定要清晰阐述自己的逻辑，尤其是期间的思考过程需要有所创新。在面对这一类领导者时，由于他们工作态度细致谨慎，你需要尽量将汇报内容在汇报之前发给领导者提前了解，以加快对方的决策速度。

橙色领导力风格，它是 4 种领导力风格中人群占比最大的一类。具备橙色领导力风格的人更关注效率和规则的问题。比如，是否拥有工作事务的合规性、计划性、高性价比等指导和控制能力。如果你的新领导或新同事是橙色领导力风格，你一定要在工作与沟通中"务实"不"务虚"，老实本分地完成自己的任务，并且做好与他人的配合以及对自己的安排，避免挑战团队中的现有制度，应严格遵照公司流程展开工作。在向这一类领导者做工作汇报时，你只需要说清楚自己做了什么、为什么这么做、最终成果是什么，减少不必要的"虚话"。

综上而言，4 种领导力风格已清晰可辨。但是，每个人的领导力风格是一成不变的吗？显然并非如此。当你发现身边的同事或领导忽然改变了自己的领导力风格，如果当时没有重大突发事件，比如，组织架构调整，或者因不可抗力导致的工作挑战等，那么你可以重复"人眼观察法"的两步操作重新对其进行定位，不必过于纠结对方"为什么改变"等问题，因为每个人都是在不断蜕变中成长的。请收获属于自己的职场高光时刻吧！

工具总结

"人眼测评法"是一个简单的领导力风格测评工具，旨在通过观察初步定位新领导与新同事的工作风格与状态，知己知彼，以实现快速通过试用期考核（见表 2-1）。

表 2-1 "人眼测评法"状态分析

领导力风格	表现状态	重视的能力
绿色领导力风格	重视直觉信息 基于感受制定策略	关注软能力
黄色领导力风格	重视感觉信息 基于感受制定策略	关注人际关系
蓝色领导力风格	重视直觉信息 基于逻辑制定策略	关注硬实力
橙色领导力风格	重视感觉信息 基于逻辑制定策略	关注效率和规则

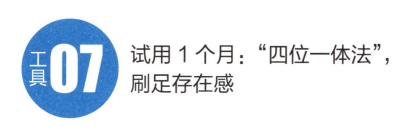

工具 07　试用 1 个月："四位一体法",刷足存在感

如何在新的工作环境中既让他人关注到自己,又不显得自己聒噪和爱抢风头,这是一个困扰着许多职场人的大难题。尤其是在尚未转正的试用期内,"刷"存在感一定是你最想实现却又最不知道该如何实现的事情。事实上,收获他人关注的窍门就在于先要理解对方,而有效聆听是理解的基础。你或许会认为"听"是一件很简单的事情。的确,"听"是人类先天便拥有的能力,可是"聆听"却是一种需要通过后天训练才能达成的能力。那么,究竟什么才是真正的"聆听"呢?

面临挑战

在入职将近一个月的时间里,你已经处理了不少职场难题,从人际关系到工作技能,你都收获了不小的提升。可无奈的是,你还是不得不面临以下挑战。

- 每次做工作汇报时自己还没张嘴,领导就让你先听他说。
- 每次团队讨论时,你的建议总被搁置,因为他们认为"刚来的人不了解情况"。
- 重要的工作总是轮不到你,因为领导认为"你还需要熟悉情况"。

传统操作

你曾经为了在试用期"刷"存在感,或许做过以下尝试。

- 积极主动地献言献策,"脏活儿""累活儿"抢着干。
- 尝试站在对方的立场思考问题,为其解决现实问题。
- 为了团队利益牺牲个人利益,总是以大局为重,毫不计较个人得失。

当你尝试过以上这些传统操作,仍然没有成功为你争取到期望的团队存在感,重要的事情依旧轮不到你负责,跑腿打杂的事情反而逐渐成为你的"专属任务",时间越久,你好像越摘不掉"新人"的帽子,这说明你需要使用新的工具——"四位一体法",助你成功刷足存在感。

解决方案

在试用期的"小透明"状态中,你拥有许多聆听的机会——那些在你想要拥有存在感,却偏偏成为你所面临的挑战的时刻,都是你进行有效聆听的最佳时刻。在不懂得聆听之重要性的人心里,这些机会似乎是在浪费自己的时间。但此时的你需要明白:合理利用、有效聆听,你将彻底改变令人一筹莫展的"小透明"状态。

聆听可分为4个层次(见图2-4),从低到高信息量是逐层递减的,但信息的质量在逐层递增。在练习有效聆听的过程中,你需要按照层次逐级提升自身的聆听能力。

第1层:耳听,"我想听你说"

一场为了引发对方关注的沟通,开场必须积极主动,你要让对方充分感受到"我想听你说",这样才能有效开启一段对话,让对方的目光转移到你的身上。那么,你应该如何让对方感受到你耳听的"诚意"呢?通过"头—眼—身—步法",便可以轻松将你耳听的状态通过肢体语言清晰表达出来(见图2-5)。

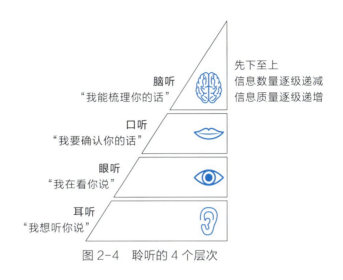

图 2-4 聆听的 4 个层次

图 2-5 "头—眼—身—步法"示意

你要拿出端正的态度开启这场正式的沟通。首先，**头一定要摆正**，不能摇头晃脑，显得过于随意；其次，**眼睛要直视对方**，以便观察对方在沟通过程中的反应，及时给予妥当的反馈，同时，这也是尊重对方的表现；再次，**身体应微微前倾**，这个动作代表着你已经做好全身心投入这场沟通的准备；最后，**在与对方相向而谈时，尽量与对方脚尖朝向一致**，减少面对面沟通的压迫感，让气氛更轻松。做到以上 4 点，你便能轻松促成一段对话的快速开启。

第 2 层：眼听，"我在看你说"

许多人难以想到，为什么学习聆听还要练"眼力"。这其实是因为人在沟通时往往会产生很多肢体语言，这些看似微小的细节，恰恰最能体现一个人的真实意图。一旦你能抓住这些信息并及时、有效地反馈,便能让对方感受到"你懂他"。此时,沟通的质量将会得到极大的提升。但你在"眼听"时需要注意,过于频繁地关注对方所有肢体语言细节,很容易让你忽略沟通内容的主体,以至于本末倒置。那么,你应该如何在这一点上有的放矢呢?你只需要关注对方两个方面的反应即可——表情和体态。

首先是**表情**。虽然人类的情感异常丰富,但大体可分为 5 种基础情绪脸谱(见图 2-6)。

喜悦　　　愤怒　　　悲伤　　　恐惧　　　爱

图 2-6　人类的 5 种基础情绪脸谱

你可以根据上图的脸谱"按图索绪",准确判断对方在沟通当下的情绪状态,建立与他"同频"的情绪场,为之后的"感同身受"做准备。

其次是**体态**。沟通过程中有两种姿势是需要你着重注意的,第 1 种是对方在沟通时扭着身体坐(见图 2-7),即上半身朝向你,但腿与脚却朝向其他方向,导致身体呈扭曲状,这代表对方有"口是心非"的可能性。

下图中的女士,上半身面朝男士,但膝盖却朝向另外的方向,整体体态扭如麻花。如果你在沟通时发现对方是这种姿势,就要多加留心,他大概率会因为某种目的向你隐瞒一部分心声,甚至为了遮掩心声而放出一部分假信息。因此,你应该对对方向你传达的信息进行判断与筛选。

第 2 种姿势是对方双手于胸前抱臂,这是一种典型的防御姿势(见图 2-8)。

图 2-7 "口是心非"的体态示意　　图 2-8　双手于胸前抱臂的防御姿势

这种姿势代表对方与你的沟通并不开放，甚至对方有些抵触这场谈话。这是一个危险的信号，你需要马上化解。如果你与对方正站着沟通，此时可以邀请对方走动几步，在缓解气氛的同时，不动声色地引导对方放下双臂。如果你与对方正坐着沟通，此时可以找个理由转换对方的注意力以改变对方的姿势；比如，邀请对方翻看资料。此时，他为了实现这一操作，会自然放下双臂。当你解除了对方的防御姿势后，打开对方心房的最好时机便来了。

第3层：口听，"我要确认你的话"

有效聆听的第3层为口听，这需要你主动对对方的发言进行反馈。必要的互动是沟通的基础，因为有互动，所以一场交谈会是双向的沟通，而非单向的"一言堂"。那么，你应该如何进行能引起对方关注的反馈呢？其核心就是重复对方说过的话。

这里的"重复"并不是让你成为一个只需复述的"复读机"，而是需要你以自己的思考与语言，对对方话语中的关键点进行重申，以表达自己一直在听他说话，与他"感同身受"。下面是两个场景范式，你可以通过模仿学习，确保自己口听的质量。

场景1：确认一件事——复述事件关键动作+"然后呢"

如果对方在描述一件事，你可以尝试复述他的关键动作并加上一句"然后呢"。比如，对方在与你分享雨夜赶飞机的过程，你可以在合适的时机进行如下确认。

"下雨你打不到车，然后呢？"

"……赶到机场航班取消了，天呐！然后呢？"

这样不断确认一件事的互动，会让对方感觉到你在认真跟着他的思路还原他的遭遇，与他共同经历这件事情，很容易拉近彼此距离。

场景2：确认一种情绪——"我刚刚听你说"（一个事实）+"让我觉得很"（一种感觉）

如果对方在表达一种情感，你需要尝试用"我刚刚听你说……，让我觉得很……"的句式重复他的感受。这里的关键点是"你的表述让我本人有了怎样的感受"，而不是"你的表述让我本人认为你有了怎样的感受"。虽然这两种状态在文字上看起来差别不大，可实际含义却天壤之别。前者在表达你的同理心，而后者则是你在猜心，有一种掌控感。如果对方边界感强，很容易认为自己被侵犯了，对你产生防范之心。

比如，对方因为航班延误丢了大单时，你可以进行以下形式的确认。

"我刚刚听你说航班取消导致无法第二天跟客户签约，这让我觉得很可惜。"

如果你不是一个善于用语言表达情感的人，还可以通过面部表情表现你此刻正在确认的情绪，这也能让对方感觉到你对他的理解，传达出你们已经站在一起的信息。可是，如果在沟通过程中对方不满足于得到你的简单反馈，想要你给出建议，或者你希望他能采纳你的意见，那么你还需要在聆听这件事上更上一层。

第4层：脑听，"我能梳理你的话"

聆听能力的第4层为脑听。所谓"不识庐山真面目，只缘身在此山中"，对方在向你沟通一件由他经历的事情时，身为事件当事人的他总会存在一个认知盲区，而你作为事件的旁听者，很容易敏锐地捕捉、梳理细节，帮他人从困局中跳脱出来。

这便是沟通最大的收获——让对方有获得感，让你有存在感。那么，你又该如何达到脑听的效果呢？其实你只需要抓住一点即可——挖掘对方问题的本质原因。你要成功挖掘这一点，至少要问出3次"为什么"。比如，你的同事向你诉苦说最近投标总是失败，这时你可以进行以下形式的沟通。

"为什么最近投标总是失败？"

"客户反馈说是没有亮点。"

"为什么方案没有亮点？"

"我的策略本来是稳中求胜的。"

"你为什么要使用这个策略？"

"客户方文化偏保守，太炫酷的东西怕他们不接受。"

"你为什么会觉得他们不接受创新？"

"你这个问题很值得我反思，我确实主观臆断了，在沟通阶段先入为主，才导致我丢了这个大单。"

但你还需要在这一阶段注意一点：对方回应你的是原因还是情绪。如果对方回应的是情绪，那么他也许只是想要一个情感宣泄的窗口，你只需"感同身受"地"口听"便已足够。如果此时强行为对方拟定解决方案，反而会适得其反；如果对方回应的是原因，并且在你的引导下深入思考，发现了问题本质，这时他也会愿意听听你的建议，此时你便可给予相应的帮助,你的价值与存在感便也随之提升了。

工具总结

"四位一体法"是一个多层级划分的聆听能力提升模型(见表 2-2),随着你的能力不断精进,聆听层次逐步提升,你在对方心中的地位也会逐渐升高。

表 2-2 "四位一体法"状态分析

层级	表现	行为重点
第 1 层:耳听	"我想听你说"	全面掌握信息
第 2 层:眼听	"我在看你说"	多听少说
第 3 层:口听	"我要确认你的话"	处理信息并发表观点
第 4 层:脑听	"我能梳理你的话"	固化存在感 成为"知心姐姐"或"职场幕僚"

工具 08 试用期间:"1+1 连接法",建立信任

当你在团队中成功捕获自己的存在感后,你一定十分期望自己能乘胜追击,与众人建立信任关系。回想一下自己与他人建立信任的过程,绝大多数情况下都是双方共同经历过什么事情,而在这段共同经历中,对方某个时刻的行动或语言曾打动了你,你便从此向对方交付了自己的信任。可见,双方信任关系的建立总是在某种连接之上。那么,你该如何主动与他人产生连接呢?

面临挑战

人与人之间产生连接的最直接方式就是多交流,可是交流并不需要无止境的"多",掌握交流的度十分重要。所谓过犹不及,许多没有边界的"多交流"容易造成"次生损失"。于是,许多人便容易面临以下挑战。

- 因为"过于能说"而导致新同事不相信你能"干完"这份工作。
- 因为"过于热心"而导致新同事不相信你能"严守"工作边界。
- 因为"过于拘谨"而导致新同事不相信你能"融入"这个团队。

传统操作

你在争取同事间的信任关系时,或许进行过以下尝试。

- 公开自己的弱点或糗事。
- 积极参与团队讨论,贡献意见。
- 与同事们分享你的工作心法。

当你尝试过以上这些传统操作,依然无法改变现状,你还是很难让新同事相信你的能力,甚至无法消除对方对你能否很好地融入团队共创未来的怀疑,这说明你需要使用新的工具——"1+1 连接法",为你提供帮助。

解决方案

有效沟通的标志是可以通过交谈,最终与对方形成某种约定,当你兑现承诺达成约定后,双方的信任关系自然就成功建立了。既然你的沟通有明确的目的,那么在沟通一开始,你就需要对自己的沟通进行一场设计,随后再开启一段沟通。在经历过这样"1+1"的连接后,你才能保证触发的沟通可以如期达成最终效果。

1. 进行一场沟通设计

你或许会担心自己每天工作的事情都忙得焦头烂额,还要设计与同事之间的沟通,自己怎么可能总是做好这么充分的准备呢?事实上,你的沟通设计并不需要花费太多的精力,你只需要一份沟通前的"4 个一"准备清单就可以事半功倍了(见表 2–3)。

(1)破冰暖场:一个场景

你的沟通需要以一个场景作为开场,简明扼要地告诉对方此次沟通的主题是什么,表明用意,让对方第一时间明白基础状况。分享好消息相对容易触发沟通机会,尤其适合新员工进入团队快速建立联系。比如,客户夸赞了某项服务,你打算向同事"报喜",你可以进行如下开场。

"陈静,我想跟你分享一下刚刚周总对你的花式赞美,现在方便吗?"

表2-3 设计沟通"4个一"清单

沟通目的	沟通内容
破冰暖场	一个场景
引发关注	一件工作
陈述事实	一种行为
建立连接	一个影响

这样的一句话马上能让对方明白你接下来要进行一个关于他的积极反馈,可轻松激发他的好奇心,对方有极大概率愿意参与进来,开启这段沟通。同时,"体贴"地询问对方是否方便,会让对方认为你"能站在对方的立场思考问题",这也能增加对话成功展开的概率。

反之,如果你不表明主题,没有第一时间建立一个明确的沟通场景,比如同样一件事,你却进行了如下开场。

"陈静,我有一个好消息,你猜猜看?"

对方不知道你究竟想要说什么,而且你不顾时间,强行向对方提出了一定要参与这场沟通的要求,便很容易让对方感到冒犯,进而产生抵触情绪。

(2)引发关注:一件工作

破冰之后你需要进一步引发对方关注,这个时候的重点是引导对方聚焦、探讨某一件事,避免信息的堆叠和杂乱。简单来说,你只要在沟通中把最重要的一件事说明白,让对方有效接收事件信息,目的就达到了。比如,陈静同意与你聊聊,你可以继续说:

"与你最近一直在搞的新设计——文字材料可视化有关。"

这样一句话明确指出了重点，不拖泥带水，给人一种干练的印象。同时，当你的沟通主题重点在于具体的一件事情时，也容易让对方意识到你的主动沟通不是在刻意奉承、没话找话，而是真的有正经事情要说。这对于信任关系的连接建设便又近了一步，对方也更愿意放下手头的事情与你沟通。

（3）陈述事实：一种行为

这一步需要你客观陈述事实，即只描述行为，并且这个行为必须是自己观察到的。因为第三方观察后告诉你的未必是事实，也许已经过二次加工，这样的沟通存在较大风险，不利于你与对方建立信任。另外，沟通中最忌讳的就是做评判，尤其是在你并不了解对方完整情况的前提下，贸然地主观臆断最不可取，这会引起对方反感并触发他的防御机制，沟通便难以有效推进。

回到陈静的例子，接下来你便可以这样对她说："刚刚我跟周总做售后跟踪，他对你的图解版介绍非常认同，说看起来简单易懂，便于推广。"

此时，一句话便客观言明是"陈静创建的图解版介绍"这个行为受到了领导好评，比起单纯与陈静说领导对她的方案很满意，这句包含具体行为的表扬更显真实。

（4）建立连接：一个影响

这是建立关系的关键一步，即他的行为对你产生了怎样的影响，分享你的所思、所感、所为，"坐实"你们之间的约定。认可一个人成就的最大忌讳就是拿他的工作成绩与他人进行比较，尤其是作为新员工的你在不了解团队内人际关系的情况下，这种尝试会让你得不偿失。因此，你只需表达对方为自己带来的正面影响，并给出一份双赢的合作策略，发出邀请，增强联系。比如，你在与陈静的沟通中，最后可以进行如下表述。

"我知道你正在给新设计做市场推广,通过周总的反馈,我认为也是有市场的,我最近跟几个新客户聊过你的可视化产品,大家也有兴趣了解,咱们一起合作把这种新设计推广起来好吗?"

准备好以上 4 句话后,你就可以着手进入沟通的实质阶段了。

2. 开启一段沟通

为了确保整场沟通可以达成约定,你在开启一段沟通时要严格遵循"二要二不要"原则(见图 2-9)。

- 要面对面沟通
- 要学会聆听

- 不要提封闭式问题
- 不要着急采取行动

图 2-9 "二要二不要"原则

(1)"二要"

"二要"即**要面对面沟通,要学会聆听**。

面对面沟通是众多沟通方式中效果最好、信息传递有效性最高的一种。无论科技进步到何种程度,面对面沟通的高效果都无法被取代。所以,作为新员工的你务必尽可能多地与新同事进行面对面交流。

聆听在沟通中的重要性也不言而喻。沟通作为一个双向行为,只有信息发送出去后又能由接收端处理并反馈回来,才有价值与意义。同时,只有沟通的双方都"说明白"且"听懂了",约定才能正常形成。关于有效聆听的方式详见工具 07,在此不做赘述。

（2）"二不要"

"二不要"即**不要提封闭式问题，不要着急采取行动**。

封闭式问题很容易让一场沟通走进死胡同。身为新员工，你需要的是一场能进行扩展的沟通，即确保谈话能在开启后轻松地持续进行。如若发生了"把天聊死了"的情况，不仅难以促进你与新同事之间的信任关系，还很容易为你贴上"强势"的标签，让他人对与你沟通这件事敬而远之。

那么，你该如何进行开放式提问呢？你可以多问"为什么""是什么""怎么做""什么感受"等，这不仅能为你的沟通"续命"，还能自然而然地获得更多与对方有关的信息，这也是能帮助你深入展开"人眼测评法"（详见工具06）的绝佳机会——通过沟通交流收集到的信息，无论是质量还是数量都自然远胜于远观。

急切地采取行动也非优选。一场工作上的沟通通常都会以一个后续的行动方案收尾，你通过沟通建立信任连接的目的并不单纯是为了"执行工作任务"，而是在为下次的沟通做铺垫。以前文中与陈静的沟通为例，你希望能与她合作，这便是你与她的约定，接下来必定会有一系列围绕如何合作、展开工作的沟通。如果你急切地在第一场沟通后便独自采取行动，那么后续的合作、交流自然难以产生。因此，你需要牢记，频繁的沟通是你与对方建立信任连接的关键点。

工具总结

"1+1连接法"能够规范沟通流程（见图2-10），该工具旨在通过一场沟通让你成功与新同事建立连接，达成约定，进而获得对方信任，尽快融入新团队，大展拳脚。

图 2-10 "1+1 连接法"规范沟通流程

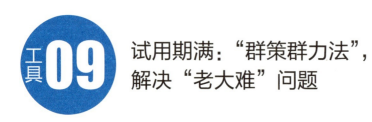

工具09 试用期满:"群策群力法",解决"老大难"问题

当你试用期满,转正在即,一路的"过关斩将"后马上便要迎来最终的冲关挑战。此时,你往往会被要求解决团队中的"老大难"问题。这几乎是人见人怕的"烫手山芋",连团队中的老员工也会对此倍感头痛。

面临挑战

面对棘手的"老大难"问题,你一定会想硬着头皮赌一把,万一能"啃"下它,不仅自己转正在望,更可能前途似锦。但勇气与决心并不能帮你回避以下挑战。

- 由于问题过于陈旧,很多信息已经丢失或不全,无法掌握问题全貌。
- 遗留问题涉及复杂的权力关系,你无法凭一己之力解决。
- 问题是由于组织系统缺陷导致的,但系统问题是个更复杂的问题。

当你面对以上3个"麻烦问题"的挑战时,不要担心,本节所分享的工具——"群策群力法"可以帮助你在试用期内处理掉团队内复杂而庞大的"老大难"问题,证明自己的能力,顺利转正。

传统操作

在解决"老大难"问题时，你或许尝试过以下操作。

- 尽可能多地收集问题资料，了解问题全貌。
- 尽可能多地访谈相关人员，了解问题背景。
- 尽可能多地设计解决方案，尽力做到周全。

当你尝试过以上这些传统操作，依然无法解决"老大难"的历史遗留问题，新同事甚至评价你的解决方案"换汤不换药，没有突破"，这说明你需要使用新的工具——"群策群力法"，为你找到问题的突破口。

解决方案

在讨论解决方案之前，你需要先思考一个问题：团队为什么会愿意让新员工尝试解决"老大难"问题？以常理而论，新员工对于团队各方面还处于熟悉阶段，"老大难"问题往往牵扯诸多历史因素，对团队没有足够深入的了解将很难理解"老大难"问题。

这样的安排并不是为了给新员工一个"下马威"，而是因为"老大难"问题难以得到解决的一大关键便是一直沿用老方法。新员工通常是带着新的思维加入老团队，尚未被团队中的传统完全束缚，很容易通过新思维找到新方案，为"老大难"问题带来新生机。即便新员工没有彻底解决问题，新的尝试也能帮助团队打开新的思路，也许"老大难"问题便离被解决不远了，这也是"外来的和尚好念经"的本质。

但不可否认，新员工在解决团队的"老大难"问题时往往会遇到两大难以逾越的"大坑"。其一是因信息不对称导致的无法厘清问题线索，越复杂的问题需要的了解时间越长，初来乍到的新员工在时间上明显处于劣势；其二是因不熟悉环境导致的无法将方案落地，每家企业都有自己独特的运营模式，方案能否落地取决于其整体设计是否基于企业的运营情况，新员工在短时间内显然难以完全掌握团队内部的全部独特之处。

那么，身为新员工的你应该如何跨过这两个"大坑"，成功解决"老大难"问题，或者至少给出有价值的新方向呢？你的短处正好是团队中其他人的长处，而你的长处便是团队所稀缺的活跃新思维。只要你能运用好"群策群力法"，借助老员工的集体经验与智慧，通过新的思维方式考虑"老大难"问题，就能顺利找到突破口。这时，你需要召集团队中的老员工充分参与问题解决方案的讨论。

为了更准确地介绍"群策群力法"，以张明的经历为例进行详述（见图 2-11）。

图 2-11 "群策群力法"之案例背景

接到任务后张明开始进行前期调研，他发现仓储问题看似是物流的问题，但其实关系到公司整体生产运营的方方面面，解决该问题必须先捋顺公司的整体生产流程。身为新员工的张明决定设计一个讨论会，借助群体智慧解决问题。在讨论会开始之前，张明按照自己的思考，列出了会议的问题讨论流程（见图 2-12），并将其制作为挂图挂在会议室。

图 2-12　问题讨论流程

准备就绪后，张明将公司流程改造项目小组的同事召集一堂，以上图所示为主题，按照"静默书写""提案汇总""投票排序"和"行动计划"这 4 步开启了本次讨论会。

第 1 步：静默书写

张明在讨论会伊始，向所有人做出了如下提议。

"感谢各位同事的参与，在座的各位都是流程改造小组的成员，在流程改造方面都是专家。今天主要针对仓储流程改造进行一次组内讨论，希望能够找到解决方案。我后面的墙上有三张挂图，是仓储流程改造面临的 3 大挑战，接下来大家有 15 分钟的时间思考如何解决这些挑战，并把自己的解决方案写在卡片上，一张卡片写一个方案，为了不打扰其他同事思考，这个过程中不要讨论。"

在静默书写这一环节之所以要求所有人独立撰写，就是为了避免发生思绪阻滞，即当个体在思考时沟通会阻断独立思考进程，最终会妨碍思考质量和创意数量。

第 2 步：提案汇总

在所有人书写完自己的方案后，张明接着做出了如下引导。

"接下来，请大家把自己的解决方案贴到对应的挂图下面，如果是关于出入库流程的调整，请把调整方案贴在对应的流程步骤旁。

……

"现在每张挂图都贴满了解决方案，接下来给大家 20 分钟的时间去浏览这些方案，在此过程中可以拿笔去补充和完善别人的方案，也可以跟别人就感兴趣的方案进行讨论。"

该环节的操作重点是鼓励大家多发表意见，同时有效引导众人浏览，鼓励所有人分开浏览，广泛沟通，最大限度地让与会者充分表达想法。这一点在"群策群力法"中尤为重要，因为只有所有人都真正参与进来，才有助于众人对后续方案的落地做出承诺，以便承诺的履行。

第 3 步：投票排序

进行完第 2 步后，张明接着对众人做出了以下引导。

"请各位回到座位，接下来将进入投票环节，首先看挂图 1 里全部的解决方案，请根据投入成本多少进行排序，其中投入成本最低的给 3 分，次之的给 2 分，然后是 1 分，以此类推。请把打分结果写在解决方案对应编号的后面，用时 5 分钟。

……

请根据收益产出高低进行排序，其中收益产出最高的给 3 分，以此类推，请把打分结果写在解决方案对应编号的后面，用时 5 分钟。"

张明在后续的挂图 2 与挂图 3 中也是如此操作。由张明的话语可知，该环节选择排序的操作重点是排序时的因素选择（见表 2-4），即"成本""产出"等因素。关于在进行因素选择的排序时，应该优先关注何种因素，可参考工具 23 中的优选列表，此处不展开论述。需要注意的是，这一环节不建议一次做过多因素的排序，因为这会导致众人无法聚焦关键方案，阻碍共识形成。因此，一般排序进行一到两轮即可。

表 2-4　投票打分情况与因素选择示例

方案编号（总分）	投入成本	收益产出
1（5 分）	3 分	2 分
2（3 分）	0 分	3 分
3（3 分）	2 分	1 分
4（0 分）	0 分	0 分
5（1 分）	1 分	0 分

第 4 步：行动计划

经过前面的操作，此时通常会产生一个总分最高的方案，该方案便是众人都较为看好的方案。因此，最后一步关于行动计划的讨论便应该围绕总分最高的方案进行。由于该方案是众人票选出来的，它便是众人达成的共识，此时行动计划的制订过程也是众人共识兑现的过程。前期的高参与度意味着此时的高重视度，方案的落地效果自然也会相对较好。

此环节有两个操作重点，**操作重点一是对于方案的选择**。在表 2-4 中，方案 1 显然是共识性最好的选择。但你一定注意到，方案 2 与方案 3 出现了平分情况，其中方案 2 还是收益产出一项的"状元"。如果这次的讨论会中，平分的方案 2 与方案 3 同为最高分的方案又该如何抉择？你有两种方法可以选择，一种是进行二选一的第二轮投票；另一种是将两种方案进行融合。前者的好处是能让最终落地的方案更聚焦，但可能会出现选择困难，后者的好处是包容性更强，但最终方案在落地时方向可能不聚焦，需要根据实际情况进行选择与调整。

操作重点二是对于行动计划的实施。通常再热烈的讨论也不可避免会迎来落地时的冷场，因为一个方案的落地往往会涉及其他人的工作，不能强硬推进，身为新员工的你更不能直接向团队中的老员工分派工作。解决该问题的唯一方法便是让领导出面主持，而这一方法的成功推进一定是建立在你给出的落地方案可操作性强的基础上的。那么，你在前期通过"群策群力法"进行方案讨论时，便要尤为关注其实操性，避免讨论内容过于天马行空，难以落地，以确保最终选出的方案能得到领导的认同，愿意接手主持你认定的方案。

工具总结

"群策群力法"是一个以会议流程指南为主体的问题解决工具（见图 2-13），旨在通过会议研讨，借助群体智慧解决复杂问题，将新的讨论模式引入组织，提升新领导和新同事对你的认同。

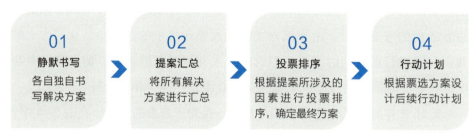

图 2-13　"群策群力法"操作指南

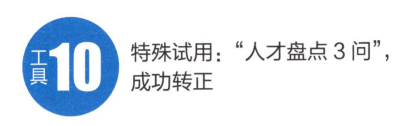

工具 10 特殊试用:"人才盘点 3 问",成功转正

在试用期中,还有一类比较特殊的形式,那就是"代理制"。许多企业在聘任高管时都会在其职位前加上"代理"二字。比如,代理总经理等。企业会在权责上赋予其开展日常管理工作的基础权限,但遇重大事项时,他们需要与其他管理团队或董事会讨论后才能决策,不得自行决策。这类"代理制"的新员工只有在试用期结束,并被确认各项能力的确符合公司要求后,才能摘掉"代理"头衔,拥有自主管理权限。那么,这类"代理制"的人才在进行转正时又有什么挑战需要解决呢?

面临挑战

"代理"管理者无论是由内部晋升还是从外部选聘,由于管理范围的变化以及管理难度的增加,无一例外都需要重新适应工作环境,以下挑战也随之而来。

- 上任后未做任何调整,团队的工作效率却降低了,工作质量也下降了。
- 上任后发布的各项政策均难以落实,无法确定是员工能力问题还是态度问题。

- 领导一直催促要求进行组织变革，但你迟迟不敢实施，怕后续影响不可控。

传统操作

自上任"代理"管理岗位以来，你或许尝试过以下传统操作。
- 与团队成员面谈，增加彼此了解。
- 与人力资源部门一起开会，了解团队成员现状。
- 聘请咨询公司做人才测评和人才盘点。

当你尝试过以上这些传统操作，但这些举措依然没有帮你找到工作的突破口，你难以掌握骨干员工的详细情况，难以推进各项工作的开展时，这说明你需要使用新的工具——"人才盘点3问"，助你突破重围。

解决方案

身为一名管理者，单凭一己之力很难做出理想的成绩，只有合理利用团队才能创造佳绩。因此，每一位管理者都需要拥有一支"精英团队"，为这支队伍挑选成员便是第一要务。只有当你了解了组织内部有多少"金刚钻"，才知道自己能组建出揽下多大"瓷器活"的"精英团队"。那么，你应该如何亲自挑选与组建这支"精英团队"呢？"人才盘点3问"正适用于此（见图2-14）。

人才盘点的过程仿若"挖宝"，"金刚钻"员工不一定都会在企业内部锋芒毕露，许多人还因为性格、机会等各种原因"埋藏"在部门内部，需要你通过提问的方式将他们"挖"出来。下图中的3问，每个问题对应一个"宝藏"信息，你需要根据员工的回答，检验其是否有"矿藏"，并且判断出对方"矿藏"是否为你所需，进而"挖到"属于你的"宝藏"员工。

1. 本年度你为公司做的3个重要贡献是什么？
2. 明年你计划为公司做的3个重要贡献是什么？
3. 你如何规划在公司的职业生涯？为此你做了哪些准备？

图 2-14　人才盘点 3 问

那么，你应该如何开展"挖掘工作"呢？你应该在最开始就意识到，这 3 问并不是由你直接抛出即可，在不同的工作时间段（年终、年中、年初），这些问题需要有细微的调整，这样才能更准确地进行人才挖掘。然后，你需要组织一场人才盘点会议，与员工进行一对一的沟通。

人才盘点第 1 问

人才盘点的第 1 问，即开场问题。关于开场问题，不同的工作时间段有以下不同的提问方式（见图 2-15）。

如果是年终	你可以问"本年度你计划为公司做的 3 个重要贡献是什么？"
如果是年中	你可以问"本年度你正在为公司做的 3 个重要贡献是什么？"
如果是年初	你可以问"上一年度你为公司做的 3 个重要贡献是什么？"

图 2-15　不同时间点的人才盘点第 1 问

该问题是为了了解对方"已经做过或正在做什么贡献"，通过对方的描述，你可以"挖出"他的擅长点。此时，你便可以自行匹配对方的擅长点是否为你现阶段所看重的点（见图 2-16）。

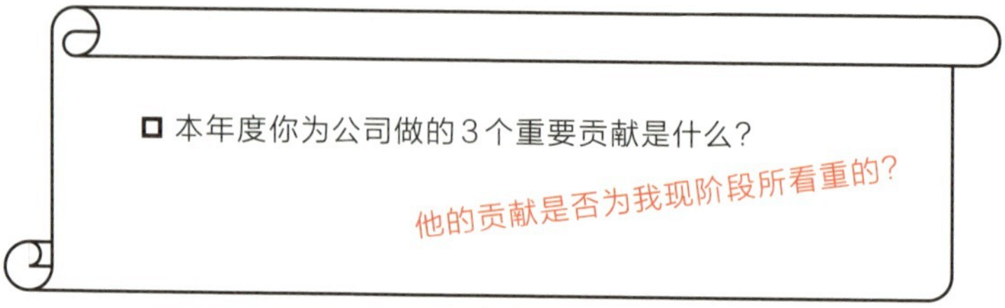

> ☐ 本年度你为公司做的 3 个重要贡献是什么？
>
> *他的贡献是否为我现阶段所看重的？*

图 2-16　人才盘点第 1 问的"宝藏"信息

作为"代理"管理者，你的时间紧、任务重，因此，应首先锁定那些可以马上在你手下被"委以重任"的人是关键点。比如，最近你的工作重点是完成公司数字化战略转型，某员工的贡献是从立项至今一直负责数字化转型项目的实施落地工作，那么该员工对于你而言很大概率会是"宝藏"。因为从他的工作贡献可以看出，他是对该项目了解最深入、最全面的人，并且身处"一线"。但此时，你还不能准确认定就是该员工，你需要进行接下来另外两个问题的考察。

人才盘点第 2 问

关于这一问，不同的工作时间段有以下不同的提问方式（见图 2-17）。

如果是年终	你可以问"明年你计划为公司做的 3 个重要贡献是什么？"
如果是年中	你可以问"下半年你计划为公司做的 3 个重要贡献是什么？"
如果是年初	你可以问"今年你计划为公司做的 3 个重要贡献是什么？"

图 2-17　不同时间点的人才盘点第 2 问

该问题真正考察的不是计划本身的质量，而是该员工在制订计划的过程中是否具备战略思维。只有真正具备战略性思维的人，才具备团队意识，能从组织层面考虑自己的工作，并且能系统性地分析和解决问题。换句话说，具备战略性思维的人是能够站在你的视角来规划本职工作的人，能进一步做到这一点的员工，无疑更是"宝藏"。

但回答问题的员工不一定能第一时间给出方向准确的答案。因此，当你发现对方的回答没有体现自己的思考过程，而只是给了相应的计划时，为避免人才错判，你还需要再多问一个问题："你的这个计划是基于什么制订的？"（见图2-18）如果对方思考逻辑缜密，能逐层分解给出的计划，则说明该员工具备基本的战略思考习惯，是"可造之材"；如果对方给出的计划有高度、有深度且可执行，但在阐述思考过程中表示是上级安排的工作，那么该员工的上级应该入围"宝藏"员工的候选名单。

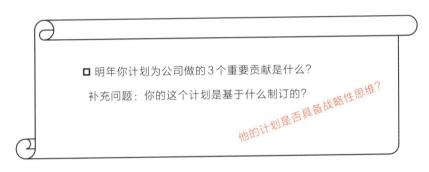

图 2-18　人才盘点第 2 问的"宝藏"信息

人才盘点第 3 问

最后，决定该员工是否能获选的终极问题不再有工作时间段的区分，应为："你如何规划在公司的职业生涯？为此你做了哪些准备？"（见图 2-19）

这个问题之所以能压轴，是因为它在考察员工的工作意愿度，这一因素事关团队组建的成败。一位员工再优秀，如果他没有继续为团队、组织、企业服务的意愿，任何行为都是徒劳的。所以，"宝藏"员工不是"一厢情愿"便足矣，一定要双方都要有坚定的意愿才算真正的"宝藏"。

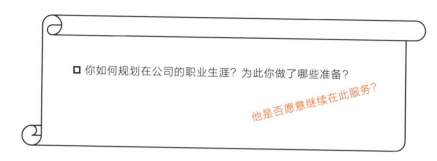

图 2-19　人才盘点第 3 问的"宝藏"信息

针对该问题，如果对方的回答有理有据、有规划、有步骤，能让你感受到经过了缜密的思考，那么该员工大概率希望在企业长期发展；如果对方回答得很敷衍或十分务虚，那么该员工可能是有了"异动"倾向，随时可能另谋高就。

你可能会有疑问，为什么在进行"人才盘点 3 问"时不先考察对方的意愿度再进行其他的深入了解，毕竟"我想干"才是一项工作的基础，这样进行"宝藏"员工的筛选，岂不是效率更高？

实际上，身为"代理"管理者，你不一定熟悉所有被盘点的对象，此时你急需一个话题与对方"聊起来"，越简单、平和的问题越适合破冰。人才盘点第 3 问显然难度极大且试探意味最浓，这很容易让你与对方的一对一沟通陷入冷场。同时，将意愿度的问题放在第 1 问，也很容易造成"先入为主"的消极影响，让你失去进一步了解与争取的信心。但有不少暂时意愿度不强烈，但能力又与你想要的团队十分契合的员工是可以通过开条件争取到的。

当你通过前两个问题发现了该员工的"宝藏"价值之后，即便对方针对人才盘点第 3 问给出的回答不是很理想，你也会有动力与信心尽力争取对方。而这一次的主动争取，可能就是将对方彻底转变为你的"宝藏"员工的最佳契机，能够有效避免"先入为主"带来的负面结果。

"人才盘点3问"过后,"宝藏"员工的价值分类便清晰可见(见表2-5)。

表2-5 "宝藏"员工的价值分类

宝藏点	钻石员工	白金员工	黄金员工
他的工作属于现阶段重点工作	√		√
他具有良好的战略性思维	√	√	
他在本组织内继续工作的意愿度高	√	√	√

由上表可见,"宝藏"员工根据人才盘点3问的表现,可以分为"钻石员工""白金员工"与"黄金员工"。

"钻石员工"对于你而言,无疑是天作之合。这类员工能同时保证工作任务的质量与效率,并且团队认同度高,值得你充分利用。但这并不代表着只有"钻石员工"才是你最需要的"宝藏"员工。

比如,对于创新类的工作而言,具有战略性思维和意愿度高的"白金员工"反而是最好的执行者。"我想干"能让他们在遇到困难时咬牙坚持,而他们也具备成功完成一项挑战的基本素质,全局化的思维意味着他们具备战略方向敏感度,无论怎样执行工作,他们都能确保不跑偏。因此,即便最终结果并非十全十美,他们也能保证完成任务。

又比如,对于一些历史遗留问题的扫尾工作来说,"黄金员工"反而最为合适。首先,他们了解历史工作的全部信息;其次,他们具有较高的工作意愿度。因此,只要你能给他们足够的授权,为他们把控底线,以结果为导向,他们会是"最省心"的团队成员。

针对"宝藏"员工的个人特点应进行合理选择、合理搭配,你才能组建出一个最全面的"精英团队",打赢"代理转正"这场充满挑战的战役!

工具总结

"人才盘点3问"是一个利用顺序提问清单来助你进行人才甄选的工具,找准3个问题对应的甄别信息(见表2-6),"挖掘"出为你所用的"宝藏"员工,让你能从"代理"成功转正,开启职场新篇章。

表2-6 "人才盘点3问"甄别信息汇总

盘点步骤	盘点问题	甄别信息
第1问	本年度你为公司做的3个重要贡献是什么?	他的工作是否能帮助我?
第2问	明年你计划为公司做的3个重要贡献是什么?	他是否能从我的立场规划工作?
第3问	你如何规划在公司的职业生涯?为此你做了哪些准备?	他是否愿意与我合作?

高光时刻

畅享职场人生的 30 个实用工具

第三阶段

新官上任，管好人和理好事

　　恭喜你成功履新，到达职业生涯的第一个新高度——晋升为管理者。这不仅是职业生涯的华丽升级，也是一种纵向的角色转变。但此时的你缺乏系统的管理知识以及实践经验，导致你无法快速适应管理角色，发挥领导作用。真正的管理者，不仅要掌握管理的知识，更要具备管理的能力。那么，一个新晋的管理者应该怎么做才能让自己轻松胜任这个职位呢？5 个工具，助力新晋管理者胜任更简单。

工具 11 管好人:"4步提升认可法",快速服众

身为一名新晋管理者,你一定早已为自己拟好了工作规划,在你列出来的众多待办事项中,"如何快速赢得人心,让团队成员服自己"一定是重中之重。每一位管理者,无论是新手还是老手,都有一个共同的期望——成为团队中的主心骨。无论是出于工作协同效率的需要,还是对个人成就感的追求,"让团队成员打心眼里佩服你"无疑是你最想拥有的管理状态。

面临挑战

对于初来乍到的你而言,虽然管理者的身份象征着"权威",但此时的你与新团队还没有建立起最基本的信任,要在短时间内迅速"服众",可谓困难重重,你不得不面对以下挑战。

- 团队有自己的意见领袖,大家都愿意听他的,他也希望你听他的。
- 团队的业务精英是个"刺头",很不服管,他希望你的管理工作能纯粹以结果为导向。
- 团队之前的管理者是"散养"制,大家已经散漫惯了。

传统操作

不妨回忆一下你上任以来的经历，试图快速服众的你或许已经尝试过以下操作。

- 请团队成员吃饭。
- 增加团建次数。
- 放低姿态，广开言路。

当你尝试过以上这些传统操作，依然没有改变你的困境，你还是走不进团队成员的内心，团队松散依旧，业务精英依然我行我素，这说明你需要使用新的工具——"4步提升认可法"，帮你扭转局面。

解决方案

你不妨先回忆一下自己的过往经历：你最佩服的人通常都出现在什么时期。相信许多人对于这个问题的答案都是"在自己的人生低谷期"。这一时期的人往往最为脆弱，对于帮助的接受程度，以及提供帮助的人对自己的影响力，通常都是最高的。

同理，如果你想要提升自己在员工中的影响力，那员工深陷困境或者遇到发展瓶颈的时候就是最好的契机。这就意味着在员工遇到坎坷的时候，你要及时出现，积极提供帮助，让对方在这样的过程中感受到你冷静的问题分析能力和娴熟的问题处理能力，以及尊重他人想法的行事作风，这比任何饭局、团建都有效。

那么，你应该如何做呢？通常情况下，你可以分4步走（见图3-1）。

第1步：设定目标

在团队成员遇到困境或瓶颈的时候，你可以主动找到对方并为其提供帮助。因为作为新晋管理者，团队成员暂时还没有与你形成基础信任，此

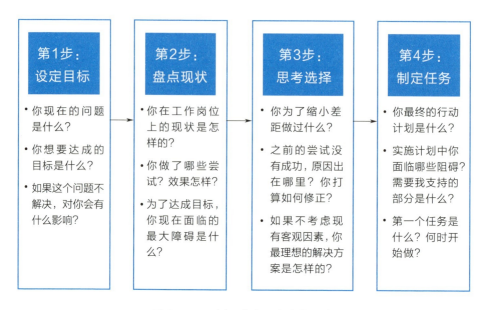

图 3-1　4 步提升认可度路线示意

时只有由你主动才能更快地打破"壁垒"。打破"壁垒"的开场问题应该明确对方的预期,以快速达成沟通目的。此时,通常会涉及以下 3 个问题。

- 你现在的问题是什么?
- 你想要达成的目标是什么?
- 如果这个问题不解决,对你会有什么影响?

第 1 个问题的重点在出现问题和遇到困难的"你"身上。你要在沟通的开场明确一点:这场谈话不是你"急于求成"的"刻意说教",而是对方自身出现问题后,你去提供帮助且协助对方解决问题。在现在的职场中,许多年轻的员工对"说教"类的领导十分排斥。既然你的目的是在短时间内得到团队的认可,那么避开此类"雷区"是最稳妥的选择。

第 2 个问题是明确对方的有效目标。只有当对方的目标足以落地时,后面的沟通才有意义。对目标的评判标准将在工具 16 中详细阐明,此处不做赘述。

第 3 个问题的重点是"影响"。需要注意的是，此处的"影响"并不单指负面影响，也包括正面影响。比如，一位二胎母亲对于是否接受新的工作安排犹豫不决，因为如果她不接受眼下的工作安排，可能会有损其职业发展，但新的工作安排对于她的亲子关系十分利好。此时，是正负两面的影响共同造成了她的犹豫。因此，通过这个问题，你可以了解到对方感到困难的卡点在哪里。

第 2 步：盘点现状

在讨论完目标之后，你需要脚踏实地地帮助对方分析现状。这个环节通常会涉及以下 3 个问题。

- 你在工作岗位上的现状是怎样的？
- 你做了哪些尝试？效果怎样？
- 为了达成目标，你现在面临的最大障碍是什么？

作为尚未与团队成员形成信任关系的新晋管理者，在与团队成员的沟通过程中，对方有较大概率会抱有"敷衍"的态度，该环节的 3 个问题能检测出对方对于这次谈话的"重视程度"。如果你发现他对于这 3 个问题回答得很详实，说明对方目前是真的非常想解决眼下的问题与困难，你对他给予帮助能收获成效；如果你发现他的回答均为泛泛之词，则建议你先将对方与其问题放一放，因为你与他沟通的时机未到，需要另找机会，避免将时间浪费在无效沟通上。

第 3 步：思考选择

这一步是你"亮干货"的时候，只有真正能帮助对方解决问题，你才能获得他的认可与尊重。该环节通常会涉及以下 3 个问题。

- 你为了缩小差距做过什么？

- 之前的尝试没有成功，原因出在哪里？你打算如何修正？
- 如果不考虑现有客观因素，你最理想的解决方案是怎样的？

该环节除了提问之外，还需要增加相关经验分享的内容。这时分享的经验可以是你的真实经验，也可以是用经验"包装"的建议。比如，团队中有一名成员的业绩出现了瓶颈，你想帮他尽快冲破瓶颈。基于对他的情况的了解和你的经验判断，你认为他的突破点在"拓新"方面。此时，虽然你没有完全适用于他的真实经历，但你可以把这个建议"包装"成一个成功经验分享给他，而且情节越曲折说服力越大，情感越浓烈影响力越大。真实经验的分享需要重视的两大要素为"具体情节"与"情感体验"（见图 3-2。

具体情节
- 包含：时间、地点、人物、起因、经过、结果
- 情节越曲折越好

情感体验
- 包含：欢喜、愤怒、忧愁、思念、悲伤、恐惧、震惊
- 情感越浓烈越好

图 3-2　真实经验分享的两大组成要素

你需要注意的是，关于真实经验的分享一定要安排在提问之后。因为你需要在这场对话中充分展现自己的开明风格，才更容易达到快速服众的效果。如果先分享后提问，会让团队成员认为你是"有备而来""可能有某种企图"。因此，你需要充分考虑并重视该环节的沟通顺序（见图 3-3）。

第 4 步：制定任务

经过以上环节后，你就需要帮助对方制定能及时行动起来的工作任务方案了。这个环节通常会涉及以下 3 个问题。

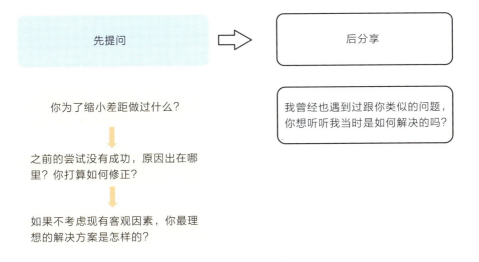

图 3-3 先提问后分享流程示意

- 你最终的行动计划是什么?
- 实施计划中你面临哪些阻碍?需要我支持的部分是什么?
- 第一个任务是什么?何时开始做?

和第 1 步相似,工作任务的方案设定也需要进行有效性验证,该验证方法可参考后文的工具 16。除此之外,在这一环节还有一个非常重要的任务——成为对方的资源提供者。当你成为为对方雪中送炭的人之后,赢得对方的信任与认可将变得更加容易。然而,你可能会在此面临一个风险,即对方希望获得的支持你给不了,或者无法马上实现。以前文中遇到业绩瓶颈的团队成员为例,他可能会提出让你给他介绍新客户的要求。这样的要求对于"拓新"问题虽然治标不治本,但对于正处于信任建立之初且不想前功尽弃的你而言,很难巧妙地回绝。这时,你就需要一些应对策略(见图 3-4)。

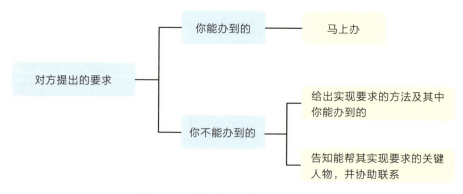

图 3-4 "雪中送炭"的应对策略

从上图可见，针对前文中的这位团队成员，你可以选择两种解决方案，第 1 种方案是陪同他一起去见新客户，协助他开拓新客户；第 2 种方案是与他捋清现在正在跟进中的潜在客户，发掘促成交易的关键人，提升他的签单成功率。该策略的核心在于，尽管你给不了他最想要的，但仍可以为他提供实质性的帮助。切忌在此时提出让他寻找销售类课程学习如何开拓新客户，这种无法直接解决实际问题的提议，容易让对方认为你不是真心想帮他。

总而言之，作为新晋管理者的你，在团队成员遇到困难的关键时刻一定要"稳住"，重视"雪中送炭"的关键时刻，一旦能沉稳化解矛盾与危机，你就是团队中的主心骨了。

工具总结

"4 步提升认可法"是一个分步式管理辅导工具（见图 3-5），旨在让你上任之后能于短时间内"服众"。当团队成员遇到问题的时候，你应该主动找到他，帮其解决问题，此举将让你的领导公信力得到"飙升"。

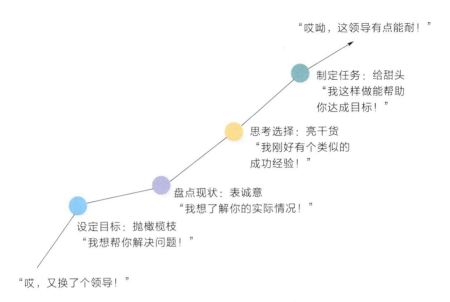

图 3-5 "4 步提升认可法"路线示意

理好事:"要事优先 3 漏斗法",快速达标

作为一名新晋管理者,企业或领导要根据你带领团队做出的业绩对你进行评估,以判断你是否能够成为一名合格乃至优秀的管理者。此时,你面临的最大挑战是如何一边适应新环境、新身份,一边在企业规定的时间内带领团队达成工作目标。

面临挑战

当你面对手中烦琐的工作任务时,你知道自己应该提前做好计划,但在实际的工作安排中,常常面临以下挑战。

- 要处理的重要工作不止一件,它们无法同时进行,但你不知该如何排序。
- 时间紧、任务重,你想带领团队完成最关键的工作,但总是抓不准工作任务中的重中之重。
- 你相信"磨刀不误砍柴工"的管理思维,但等你带领团队将"刀"磨得锋利时,却发现"柴"都快被砍光了。

传统操作

为了解决这些问题,你可能做过以下关于"要事优先"的尝试。

- 先做重要且紧急的任务，后做重要不紧急的任务。
- 制订详细的工作计划。
- 使用各类时间管理工具。

当你尝试过以上这些传统操作后，发现自己依然无法准确地做到要事优先，工作依然一团乱麻。这说明你需要使用新的工具——"要事优先3漏斗法"，来帮你筛选出要事，助你快速达标。

解决方案

所谓知行合一，在使用"要事优先3漏斗法"之前，你要弄清楚"要事优先"的真正内涵。

所谓"要事优先"，顾名思义，就是重要的事情要优先处理。当你面对多项工作任务时，要将时间和精力优先聚焦在最重要的工作任务上，动用所有的资源优先完成该工作。"要事优先"的工作方法符合意大利经济学家维尔弗雷多·帕累托（Vilfredo Pareto）提出的"二八法则"——20%的工作将带来80%的结果。

"要事优先"的内涵听起来很简单，但在实际的运用过程中，你发现自己根本不知道如何区分出要事。"要事优先3漏斗法"，就是将你所有的重要工作任务放进"潜在风险漏斗""影响力漏斗"和"窗口期漏斗"之中（见图3-6），进行筛选、过滤，最终帮你区分出真正的要事——当务之急的工作任务。

1. 潜在风险漏斗

"要事优先3漏斗法"的第1层漏斗是"潜在风险漏斗"。该漏斗是通过对工作任务进行风险评估来筛选要事，评估的维度有两个，如图3-7所示。

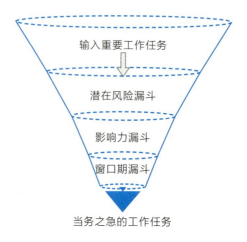

图 3-6 "要事优先 3 漏斗法"示意

	与责权有关的风险	与技术有关的风险
损失大	放弃	放弃
损失小	如责权方不可控因素较多，建议放弃；如责权方在可控范围内，建议流转到第二步	流转到第二步

图 3-7 潜在风险漏斗筛选结果示意

第一个风险评估的维度是任务类别。它可以分为与责权有关的风险和与技术有关的风险。前者是与人有关的风险，在团队内部，每个人都有属于自己的责权，只有每一份责权都被充分履行，该任务才能达标。后者是与事有关的风险，比如，研发类的工作任务要想成功达标，会受到技术制约。

第二个风险评估的维度是任务失败后所造成损失的大小。比如，要评估某一项工作任务失败后会给企业或团队造成的损失是大还是小。

你在使用"潜在风险漏斗"时，可以从以下3个角度进行分析与判断。

（1）暂时放弃失败后所造成损失较大的工作任务

无论该工作任务的潜在风险与责权有关还是与技术有关，只要它失败后所造成的损失较大，你就应该暂时放弃。因为在履新之初，你要挑选失败后所造成损失最小的要事完成，那些失败后所造成损失较大的工作任务可以暂时搁置。

（2）对责权方进行评估

对于潜在风险属于责权风险且失败后所造成损失较小的工作任务，你应该对该工作任务的执行团队与协作团队——责权方进行评估，判断对方是否在你的可控范围内。如果你对相关团队的情况十分了解，并且对自己的管理能力与影响力有自信，那么就可以将该分类下的工作任务直接转移到第2层漏斗进行下一步评估；如果你对相关团队的了解程度有限，那么你可以暂时延后这类工作任务。

（3）直接流转到下一步漏斗的工作任务

对于潜在风险属于技术风险且失败后所造成损失较小的工作任务，你可以直接将其转移到第2层漏斗进行下一步评估。因为技术风险的可控性较高，防范此类风险的方法有很多，比如，你可以通过请教技术专家、翻阅专业资料等各种方式防范风险。

2. 影响力漏斗

"要事优先3漏斗法"的第2层漏斗是影响力漏斗。该漏斗是通过对工作任务的间接影响、直接影响和重大直接影响三个方面进行要事筛选，如图3-8所示。

图 3-8　影响力漏斗筛选结果示意

你在使用"影响力漏斗"时，可以从以下两个角度进行分析与判断。

（1）可以暂时搁置的工作任务

可以暂时搁置的工作任务有两类：一类是具有间接影响，与目标达成无直接关系的工作任务。这类工作任务通常不重要，可以等你有时间和精力时再去完成，所以属于可以搁置的工作任务。另一类是对目标达成具有直接影响且对团队未来发展具有关键性影响的工作任务。这类任务往往是长期任务，无法在短期内完成，所以可以被暂时搁置。

（2）可以流转到第 3 步的工作任务

可以流转到第 3 步的工作任务有两类：一类是对目标达成具有直接影响且对团队未来发展没有关键性影响的工作任务；另一类是对目标达成具有直接影响的工作任务，这类工作任务的完成度与团队最终目标达成有直接关系，即只要完成该任务，团队的最终目标就能达成。比如，你所带领的团队当月的业绩目标是 10 万元，如果此时有一个客户能为你的团队贡献 12 万元的业绩，那么意味着你的团队只需要拿下这一个客户，就能完成当月的业绩目标。此时，你应该把所有的精力和时间投入到该客户的成交中，这一项工作就是你现在的要事。

3. 窗口期漏斗

"要事优先 3 漏斗法"的第 3 层漏斗是窗口期漏斗。该漏斗是对工作任务的终极筛选。你需要在这一漏斗中通过"窗口期宽""窗口期不确定"和"窗口期窄"三个方面筛选出当务之急的工作任务，如图 3-9 所示。

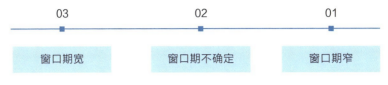

图 3-9　窗口期漏斗筛选结果示意

你在使用"潜在窗口期漏斗"时，可以从以下两个角度进行分析与判断。

（1）马上要做的工作任务

马上要做的工作任务分两类：一类是窗口期窄的"01"工作任务。这类工作任务对时间很敏感，大多是马上就要完成的，所以是所有工作任务中的当务之急，需要你立刻完成。另一类是如果没有窗口期窄的工作任务或是做完窗口期窄的工作任务后，你需要马上做窗口期不确定的"02"工作任务。这类工作任务对时间的敏感程度不强，你可以优先完成短时间能立刻达标的工作任务，尽快带领团队拿结果。

（2）可以延后处理的工作任务

可以延后处理的工作任务是窗口期较宽的"03"工作任务。这类工作任务不需要立刻完成，许多战略性工作都属于此类工作任务。比如，因为公司战略调整带来的新产品研发工作。由于"03"工作任务对时间要求较低，这类任务是这一阶段所有工作任务中不确定因素最多的一类，你需要为团队寻找最合适的达成时机。如何找到这个时机呢？你可以采用"三思而后行"的应对策略，先进行趋势判断、深度思考，再带领团队完成此类工作任务。

需要注意的是，在窗口期漏斗，你将工作任务分为"01、02 和 03"，并不代表"02 和 03"工作任务无需马上完成。事实上，通过前两层漏斗的筛选，能进入窗口期漏斗的工作任务大多是需要尽快解决的要事。窗口期漏斗是为了筛选出最终的要事，对工作任务进行优先级排序。总结成一句话，"要事优先3漏斗法"的目的是找出要事中的要事，助你集中力量办大事。

工具总结

"要事优先3漏斗法"是一个工作任务优先级筛选工具，如表3-1所示。你可以先通过3层漏斗为自己的团队逐步筛选出当务之急的工作任务，然后集中火力去完成它，让团队力出一孔，带领团队快速达成目标。

表3-1 "要事优先3漏斗法"工具分析

漏斗名称	工作任务筛选方式
潜在风险漏斗	优先选择技术类且损失小的工作任务，如果你的团队有主场优势则可以把责权类且损失小的工作任务一并选出，并转移到下一层漏斗
影响力漏斗	优先选择具有直接影响力的工作任务，如果没有，则选择有间接影响力的工作任务，然后将它们转移到下一层漏斗
窗口期漏斗	时间敏感度高的工作任务就是当务之急需要去完成的任务，因此，别犹豫且要调动全部资源拼命达成

搞好关系:"7步供需图谱",快速赢得好人缘

一个合格的管理者应具备的能力之一是能够很好地与团队成员、领导、客户等相处融洽,这是管理者顺利且高效推进团队工作的前提。那么,作为新晋管理者,你要如何与他们相处才能快速赢得好人缘呢?

面临挑战

请你回想一下,为了能与团队成员、领导、客户等相处融洽,你是否面临过以下挑战。

- 加班加点地帮助团队成员完成工作,对方却认为你在"帮倒忙"。
- 带领团队熬夜完成了一项工作任务,领导却表示你完成的任务不符合要求。
- 你为了应对各种小客户,忽略了大客户,结果因小失大。

传统操作

为了应对这些挑战,你可能有过以下尝试。

- 主动询问团队成员的诉求。

- 多次主动与领导沟通任务的要求。
- 投入更多资源在大客户身上。

如果你尝试过以上这些传统操作，发现自己仍然难以得到团队成员、领导和客户的认同，那么你需要使用新的工具——"7步供需图谱"，助你快速赢得好人缘。

解决方案

在使用"7步供需图谱"前，你需要明白赢得好人缘的一个底层逻辑：人和人之间相处的本质是利益交换，赢得好人缘的关键是平衡供需关系。通俗易懂地说，就是我能为他人提供什么价值，我需要他人为我提供什么价值。如果两者之间的价值是对等的或相差不大，那么你就可以和他人融洽相处。这也正是"7步供需图谱"为何以"供需"命名的原因所在。

那么，"7步供需图谱"具体是如何操作的呢？小钱是一家企业业务部门的管理者，他正苦恼于自己在企业没有好人缘。这里以小钱为例，教你如何操作"7步供需图谱"。

第1步

小钱准备了一张白纸，并在纸的正中间位置画上一个圆圈，在圆圈中写上自己的名字。

第2步

小钱将与自己利益相关的个人和群体的名字，分别写入中心圆圈周围的圆圈中，如图3-10所示。

通过上图可以看到，小钱的内部利益相关者为财务部、老板和小钱管辖的业务团队；外部利益相关者是客户。其中，大客户A为小钱的团队提供了50%的业绩，是小钱需要重点关注的客户，其他客户统称为"客群"。

需要注意的是,你在进行第 2 步的操作时,要尽可能地列举出所有利益相关者,利益相关者写得越细致,后续分析将会越全面。

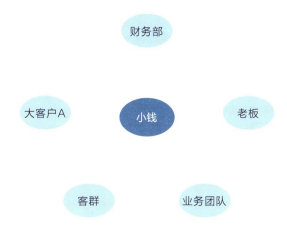

图 3-10 "7 步供需图谱"的第 1 步和第 2 步示意

第 3 步

小钱在中心圆圈与每个圆圈之间画出了连接线,并在线上简单写明了利益相关者需要他为其提供什么价值,如图 3-11 所示。

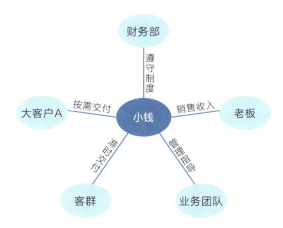

图 3-11 "7 步供需图谱"的第 3 步示意

通过上图可以看到，财务部门需要小钱及其团队遵守企业的财务制度；老板需要他带领团队实现销售收入；业务团队需要他的管理和指导；客群需要他准时交付产品；大客户 A 需要他按需交付产品。每个利益相关者对小钱的价值需求都不尽相同，小钱需逐一列举出这些价值需求，并且与对方确认自己的理解是否准确，避免出错。

第 4 步

小钱在每个圆圈的上方标注出利益相关者为什么要对他提出相应的价值需求，即利益相关者的行为逻辑，如图 3-12 所示。

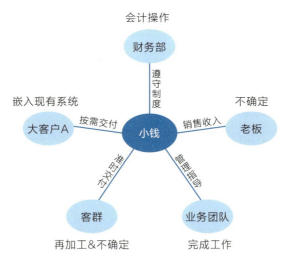

图 3-12 "7 步供需图谱"的第 4 步示意

在这一步，小钱发现有的利益相关者的行为逻辑他并不能 100% 确定。比如，小钱并不确定老板为什么要求他完成现在的销售收入目标。因为有这些"不确定"因素的存在，小钱很难针对利益相关者的需求，拿出快速打动他们的产品、方案与成绩。

作为一名新晋管理者，你在企业中处于承上启下的位置，上有客户、领导，下有团队，要想发挥出这个位置的作用，必须深入了解所有利益相关者的需求，为赢得好人缘奠定基础。

第 5 步

小钱更换另一种颜色的笔，在连接线的另一侧写明自己需要利益相关者为其提供什么样的价值，如图 3-13 所示。

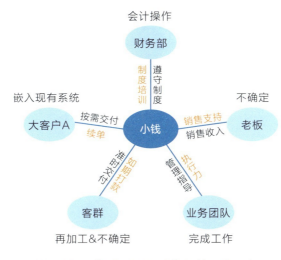

图 3-13　"7 步供需图谱"的第 5 步示意

通过上图可以看到，财务部需要对小钱及其业务团队进行必要的制度培训，小钱及其业务团队才能更好地遵守财务部制定的规章制度；老板需要给予他必要的销售支持，他才能更好地开展工作，达成老板对他的业绩要求；业务团队需要具有执行力，才能高效地完成工作，最大化地凸显小钱的管理与指导作用；其他客群需要如期打款，小钱才能准时交付产品；大客户 A 需要续单，小钱才能更好地洞察他的需求，按需交付产品。

第 6 步

小钱将目前占用自己大部分时间和精力的利益相关者在圆圈中涂上其

他颜色，如图 3-14 所示，并开始反思在这两个利益相关者身上耗费的大量时间是否能够获得高额回报，是否符合"二八法则"。

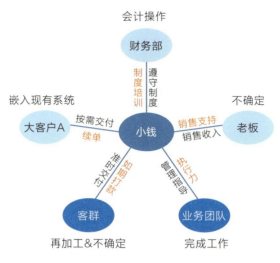

图 3-14 "7 步供需图谱"的第 6 步示意

这是绘制"供需图谱"的过程中对小钱的视觉与认知产生冲击最强的环节。小钱给"业务团队"和"客群"涂上颜色后才意识到自己应该在大客户 A 身上投入大量的时间和精力，而非客群。因小失大带来的结果是小钱与大客户 A 之间的供需不平衡——小钱不能满足大客户 A"按需交付"的需求，大客户 A 也不能满足小钱"续单"的需求。所以，小钱与大客户 A 的关系将很难维持下去。

第 7 步

小钱对"7 步供需图谱"中的"不确定"部分进行了全面复盘，并开始了解自己不确定的信息，化不确定为确定。

在这一步中，你需要特别注意两种极端情况。第一种极端情况是涂有颜色的利益相关者反而拥有最多的"不确定"部分，即你花费了最多时间的利益相关者是你最不了解的对象。当这种情况发生时，说明你与利益相关者的沟通存在很大问题。这时，你需要再次向相应的利益相关者逐一核对你不确定的信息，等确定信息后再调整自己的工作内容，确保自己能满足对方的需求。

第二种极端情况是"不确定"部分集中在某一步骤。比如，小钱在标注利益相关者的行为逻辑时，存在很多"不确定"部分。当这一现象出现，说明你与利益相关者之间的供需失衡出现在某一特定点上。这一特定点就是导致你人缘差的关键点，你应该准确找到自身工作中的关键点，主动反思、对症下药，这样才能达到供需平衡，赢得好人缘。

工具总结

"7步供需图谱"是一个分步绘图工具，如表3-2所示。该工具旨在让你厘清与利益相关者的供需是否保持平衡，并根据供需情况调整供需策略，从而与所有利益相关者融洽相处，达到在短时间内赢得好人缘的目的。

表3-2 "7步供需图谱"行为分析

步骤	行为
第1步	准备一张白纸，在纸的正中画一个圆圈，在圆圈中写上你的名字
第2步	把与你利益相关的个人和群体的名字写在中心圆圈周围的圆圈中
第3步	在中心圆圈与每个圆圈之间画一条连接线，在线上简单写明该利益相关者对你的需求
第4步	每个圆圈上方标注该利益相关者为什么会对你提出上一步中的要求
第5步	换颜色在连接线的另一侧写明为满足利益相关者的需求，你需要或期望对方提供什么资源
第6步	将目前占用你大部分时间的利益相关者圆圈涂上阴影，反思时间的投入是否具有相应的回报
第7步	复盘整体图谱中哪些利益相关者的不确定因素最多，尽快确认和改进

 时间管理："折叠时间管理法"，快速拿结果

许多新晋管理者都会在履新之初陷入这样的困境：团队无法按时、按质完成工作任务，导致大量的工作都积压在你身上，事事亲力亲为让你感到精疲力竭。

面临挑战

为了能在最短的时间内让团队拿到结果，你往往面临以下两大挑战。

- 团队成员无法独立完成工作任务，凡事都需要你亲力亲为才能完成。
- 重复、单调的工作任务太多，占用了你和团队成员的大量时间。

传统操作

为了应对以上挑战，你不止一次地尝试过以下操作。

- 加大对团队成员的培训、辅导力度。
- 购买外包服务。

如果你尝试过以上这些操作，依然改变不了现状——团队成员没有得到成长，团队拿不到结果，事必躬亲，那么说明传统操作已经不再适用，

你需要使用新的工具——"折叠时间管理法"。掌握科学的时间管理方法，快速带领团队拿结果。

解决方案

"折叠时间"是指在同一段时间内，你和团队成员同步完成多项工作，犹如将时间"折叠"了。比如，当你的团队成员对工作不熟悉，需要排队等待你指导时，如果有 5 项工作待做，那么你和团队成员需要花费 5 个小时才能完成；当你的团队成员不需要你指导便可完成工作任务时，那么同样的 5 项工作，你可以和团队成员同步完成，只需要花费 1 个小时。这样一来，你和团队成员成功"折叠"了 4 个小时。这种在一个时间段内做出多项成果的时间管理方法，就是"折叠时间管理法"。

"折叠时间管理法"的核心是让团队自动化运作起来，每个团队成员各司其职、有条不紊地开展工作。"折叠时间管理法"的具体操作可以依照以下 4 步进行。

1. 设计工作模板

或许你曾经畅想过，"克隆"出多个自己组建成一个团队，这样不仅不用花费时间辅导他人，还能提升工作质量，加快工作速度。虽然"克隆"自己不现实，但你可以通过设计工作模板达成同样的效果，实现时间"折叠"。

为什么设计工作模板能达成"折叠时间"的效果？因为工作模板是你对工作技能、工作方法、解决问题的思路等优秀工作经验的总结。当你把清晰的工作模板发给团队成员后，团队成员可以直接按照工作模板完成工作内容，这相当于团队成员在工作上成为另一个你，从而能够快速拿到结果。

在设计工作模板时，你要考虑的重点是如何让工作模板更实用。有些管理者设计的工作模板,团队成员拿到后依然无法运用到实际的工作中,因为管理者设计的工作模板不能落地操作。比如,一些管理者设计的工作模板属于"教条式工作模板",只能传输一些众所周知的道理。这样的工作模板虽然挑明了工作中的问题,但并没有告诉团队成员具体做法,团队成员无法拿来就用。

最实用的工作模板是"工具式工作模板",这种工作模板更多地阐述了具体的工作方法和技巧,开门见山地向团队成员输出了对应的工具。如果能设计出这样的工作模板,那么你就能使团队成员直接将工具运用到实际的工作场景之中,短时间内就能实现团队自动化运作,拿到较好的结果。

2. 设计工作流程

很多管理者已经意识到将工作流程标准化,让团队成员按照统一流程有序地开展工作,能有效实现"时间折叠"。然而当你设计工作流程时,往往会出现两个问题:一是工作流程设计得过于冗长,降低了团队成员的工作效率;二是工作流程设计上存在节点空缺,团队成员难以完整且流畅地执行工作流程。

那么,你应该怎样避免类似问题的发生呢?你需要遵循工作流程设计的"123原则"来设计工作流程,如图3-15所示。

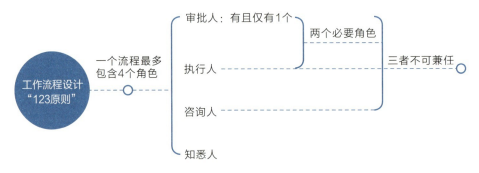

图3-15 工作流程设计的"123原则"

工作流程设计"123 原则"中的"1"是指一个工作流程中只能有一个审批人;"2"是指一个工作流程中有两个必要角色,分别是执行人和审批人;"3"是 3 个角色不可兼任,执行人不能同时兼任咨询人和知悉人。

掌握以上工作流程设计的原则后,你可以设计适合自己团队的"流程分工模板",如表 3-3 所示。该模板不仅能简化工作流程,还能助你明确团队成员的权利与责任,让团队中的所有人都能在一个既定的工作流程中自动运作,逐步提升自己与团队的效率。

表 3-3 流程分工模板

角色	人员	任务	时间	备注
执行人				
审批人				
咨询人				
知悉人				

除日常的团队管理工作外,项目制工作也十分适合运用"流程分工模板"。以刚跳槽到新企业担任行政部部长的王坤为例。王坤上任时正赶上企业年底筹备年会,年会是行政部门每年的"重头戏",身为行政部部长的王坤一旦做好该工作,不仅能博得满堂彩,还能提前转正。为了尽快做好年会的筹备工作,王坤运用"流程分工模板"对年会环节进行了梳理,并制作了年会筹备流程分工表,如表 3-4 所示。

王坤制作的"年会筹备流程分工表"并不复杂,但基本包含了筹备一场年会的所有关键点。"年会筹备流程分工表"将王坤从繁杂的筹备工作中拯救出来,他只需要站在全局把控这场年会,不用事无巨细地过问每项年会筹办工作。最终,王坤不仅成功地筹办了年会,还腾出时间和尽力适应新环境,大幅"折叠"了自己的时间。

表 3-4　年会筹备流程分工表

角色	人员	任务	时间	备注
执行人	张丽	明确年会场地及餐食服务	1 周	与财务部明确今年预算
	李伟	完成年会筹办方案撰写	2 周	
审批人	王坤	人、财、物的总控	3 周	
咨询人	郑总	请教年会筹备经验	随时	郑总是去年年会的筹备者，经验参考价值很高
知悉人	刘总	同步年会工作关键节点，确保兄弟部门协同	关键节点	刘总是人力资源部负责人，筹办年会需其配合完成

3. 沉淀知识

每项工作无论成功与否，其所沉淀的知识和经验都是你和团队可以借鉴的宝藏。你可以将自己和团队过去的工作知识和经验沉淀下来，整理成团队成员可以学习的方法和使用的工具，让团队成员的工作更加规范且高效。当团队成员的知识积累到一定程度后，团队成员工作起来将越来越顺畅。这种基于知识沉淀而提升的工作效率，具有一定的惯性，只要知识的沉淀一直在继续，团队便能一直提升工作能力，最终形成"飞轮效应"，越转越快，越转越稳，进而实现团队的自动化运作。

这一步的重点在于你该如何让团队保持住这种惯性，即如何持续性地沉淀知识。正确的操作是定期复盘。你需要定期让团队成员坐在一起，就以下 5 个问题进行复盘。

- 问题 1：最近我们的哪些工作成绩斐然？
- 问题 2：我们工作成功的关键因素是什么？
- 问题 3：最近我们的哪些工作成绩堪忧？
- 问题 4：我们工作失败的直接原因是什么？

- 问题 5：基于以上 4 个问题的答案，我们发现了哪些规律？

在以上 5 个问题中，问题 5 是团队需要讨论的关键问题。你要带领团队总结出工作中的规律，这些规律的效用并不单一，它们既涉及失败的教训又涉及成功的经验，是团队最珍贵的知识宝藏。

4. 借助外力

借助外力是指你可以借助技术工具或者外包业务缩减团队工作量，提升团队的工作效率。比如，你可以通过图表工具进行数据自动化分析和处理，将人力节省出来；还可以将一些重复度高且没有技术含量的工作外包出去，让团队成员聚焦重要工作，以此让时间的"折叠"更上一个台阶。

工具总结

"折叠时间管理法"为你整合了 4 个时间管理工具，如表 3-5 所示。该方法旨在让团队实现自动化运作，让管理者把时间"折叠"起来，进而在短时间内拿到结果。

表 3-5 "折叠时间管理法"状态分析

时间管理工具	目的	原理
设计工作模板	实现团队自动化运作	把知识传输类培训变成工具交付式培训，把经验"克隆"给团队，"折叠"辅导时间
设计工作流程		确保团队各司其职，责任到人，"折叠"管理时间
沉淀知识		沉淀经验，将问题解决方案体系化，形成团队效率的"飞轮效应"，"折叠"团队整体工作时间
借助外力		借助技术工具或外包业务完成重复度高且技术含量低的工作，让时间"折叠"更上一个台阶

# 特殊上任:"变革闭环管理法",快速整顿团队

本章前面的工具11~工具14是针对刚晋升为管理者或跳槽到另一家企业任职管理者的人,工具15是针对特殊上任的管理者。"特殊上任"是指企业内部的跨团队调派。比如,你从企业总部被调任至某分公司担任管理者,或被安排到其他城市筹建一个新的业务部门等。虽然这样的调派没有让你离开原来的企业,但你要面临的问题也并不少,因为跨团队调派通常是被派驻到业绩不好或需要进行改革的组织中去。被调派过去后,你的首要任务就是整顿原团队。那么,在调派期间,你该如何快速整顿团队,让"旧团队"具有打胜仗的战斗力呢?

面临挑战

被调派到新的团队后,你可能面临以下挑战。

- 原团队对你有抵触情绪,配合度不高。
- 原团队已经形成稳定的运作流程,思想固化,不愿意接受改变。
- 原团队业绩差且认为业务下滑与行业趋势有关,并非团队能力问题。

传统操作

自上任以来，决心要对原团队进行改革的你或许已经尝试过以下操作。

- 频繁召开全员改革宣讲会。
- 频繁召开管理团队变革讨论会和跟踪会。
- 不断改进业绩考核机制与评价标准。

当你尝试过以上这些传统操作，仍然无法提高团队的积极性，原团队依旧故步自封时，这说明你需要使用新的工具——"变革闭环管理法"，快速整顿团队。

解决方案

"变革闭环管理法"是指通过"定目标""定任务""控进度"和"盘结果"让团队的变革形成闭环，逐步提升团队能力，如图3-16所示。

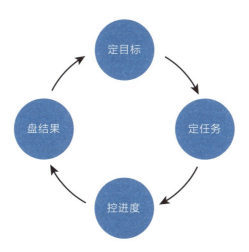

图3-16　变革闭环管理法

"变革闭环管理法"的具体操作可以依照以下4步来进行。

第 1 步：定目标

"定目标"是指在开始变革前，你要制定一个变革目标。在制定变革目标时，你需要明白一个底层逻辑：企业中的任何变革都是为提升企业盈利能力服务的。因此，你制定的目标必须围绕"提升企业盈利能力"展开。比如，某企业总部技术部骨干小张被调派到企业分公司担任技术部门"一把手"，他制定的变革目标是通过技术革新降低分公司生产成本，从而提高分公司产品利润。

制定好变革目标后，你还需要填写目标制定表，在表中写明变革目标、变革开始和结束的时间、变革期间的财务预算和变革价值，如表 3-6 所示。

表 3-6　目标制定表

变革目标					
开始时间		结束时间		财务预算	
变革价值					

看到这里许多管理者可能会有疑问，在"目标制定表"中写明变革目标、变革开始和结束的时间很好理解，为什么还要写明财务预算和变革价值呢？

写明变革期间的财务预算是因为变革通常会涉及积压库存的处理、新设备的采购等问题，你需要根据财务预算处理这些问题，确保变革期间所有支出都是必要且有效的。

写明变革价值是为了让团队成员知道变革成功后会发生什么样的变化。比如，你制定了提升企业市场份额的变革目标，那么你可以在变革价值中写出该变革目标达成后，企业在行业中的地位提升、企业市场占有率提高、团队成员收入随之提高等变化。这些变化将成为团队成员接受和推动变革的动力，变革价值越大，团队成员越容易接受和推动变革目标。

第2步：定任务

"定任务"是指你在制定完变革目标后要根据变革目标制定相应的工作任务。"定任务"的主要流程是根据变革目标，确认达成目标的关键结果，再根据关键结果制定关键任务，如图3-17所示。

图3-17　定任务的流程

为什么在变革目标与关键任务之间存在关键结果指标呢？因为关键结果的达成意味着变革目标的达成。因此，你在制定关键任务时，要围绕关键结果进行。但在现实情况中，许多管理者错把手段当作了结果，导致关键结果与关键任务错位，从而定错了任务。

比如，某团队的变革目标是"年度业绩增长10%"，团队讨论后认为"年度销量增加20%"或"多招3个一级代理商"就可以实现该目标。但这两者并不都是关键结果，"多招3个一级代理商"只是达成"年度销量增加20%"这一结果的一种手段。当团队错将"多招3个一级代理商"作为象征整体目标达成的关键结果时，就会发现"多招3个一级代理商"有时并不能使"年度业绩增长20%"。因此，"年度销量增加20%"才是该团队达成整体目标的关键结果，该团队应该围绕这一关键结果制定关键任务。

此外，你还应该让一线骨干深入参与到任务制定中来，原因有两个：一是因为他们常年与各种客户打交道，是对市场最敏感的人；二是因为他们对团队信息了如指掌，能够帮助你快速了解新环境和新团队。为了激励一线骨干参与到任务制定中来，你可以颁布一些激励政策，增强他们在定任务环节的参与感，让他们明确感受到自己在团队中和你面前的话语权。

如此一来，一线骨干将很有可能成为你的第一批拥护者，将对你的变革起到决定性的推动作用。

需要注意的是，为了提高变革的成功率，你在带领团队定任务时，应该尽可能地在变革初期安排一些能在短时间内看到成效的任务，尽早让团队成员看到变革的好处，以增强团队成员变革的决心与动力。

第 3 步：控进度

"控进度"是指你在制定好关键任务后，要时刻关注相关任务的执行过程与进度，并定期召开进度跟踪会。在变革初期，你可以将召开跟踪会的频率设置为每周 1~2 次。随着变革的深入，你可以调整、拉长召开跟踪会的周期，直至召开跟踪会的频率被调整为每月 1 次。

在控进度环节，你的跟踪行为需要分两个层次进行：一是对任务进度进行监控，即观测工作任务是否按照既定计划有序展开；二是对执行团队成员的心态进行评估，因为决定一项工作任务成败的未必是团队成员的执行力，成员的心态也十分重要。评估团队成员心态的最佳时机有两个：一是团队成员完成阶段性任务时；二是团队成员未完成阶段性任务时。

（1）团队成员完成阶段性任务时

当团队成员已经完成阶段性任务时，他可能出现以下 3 种情绪。

第 1 种情绪是消极悲观的情绪。如果有团队成员在完成阶段性任务后出现了消极悲观的情绪，那么你需要给予对方适度的关注，了解情绪背后的原因并给予力所能及的帮助。员工出现消极悲观情绪是一种反常现象，这种现象产生的原因可能与工作无关，它或许是员工长期紧张工作后导致的身心疲惫，也或许是员工长期高饱和工作引发了家庭矛盾。虽然这些原因看似与工作任务没有直接关系，但会直接影响到一个人的工作状态。现实中的不少安全生产事故都发生在员工因家庭矛盾导致在工作中分心时，最终酿成无法转圜的惨剧。

第 2 种情绪是沉着冷静的情绪。如果团队成员在完成阶段性任务后依旧保持着沉着冷静的情绪，那么你需要对其进行鼓励，充分肯定他的工作成果，并主动询问后续工作开展是否存在困难。

第 3 种情绪是积极乐观的情绪。如果团队成员在完成阶段性任务后表现出积极乐观的情绪，那么你可以对其进行充分肯定，并与他一起明确下一步的工作计划，为后续工作的顺利开展奠定基础。

（2）团队成员未完成阶段性任务时

当团队成员未完成阶段性任务时，他也可能出现以下 3 种情绪。

第 1 种情绪是消极悲观的情绪。未完成阶段性任务时，团队成员出现这种情绪很正常。为了能让团队成员继续有效推进变革，你要以鼓励为主，充分肯定团队当下的成果，并冷静、客观地分析目标未达成的原因，及时调整和改进工作方法或工作计划。需要注意的是，管理者在这一阶段不应该过分追责。在改革初期，团队成员的勇气比责任更重要，追责行为容易造成团队成员为了免责而止步不前，甚至纷纷后退的情况，因此而造成变革失败的案例比比皆是。

第 2 种情绪是沉着冷静的情绪。如果团队成员在未完成阶段性任务时依旧能保持沉着冷静，那么说明他心态稳定，你可以肯定其做出的成果，帮助其分析未达成阶段性任务的原因，并制定改进策略。

第 3 种情绪是积极乐观的情绪。如果团队成员在未完成阶段性任务时表现得尤为积极乐观，那么你也需要高度关注他。除非对方性格是积极乐观的，会越挫越勇，否则此人大概率会是变革的反对者，未达标的现实结果正是他希望看到的。这类人是变革进程中最大的"绊脚石"，在识别出这类人后你不能放任不管，需要与他们进行深入沟通，了解他们不接受变革的原因。如果最终能通过沟通改变他们对变革的看法，自然皆大欢喜；如果对方仍然固执己见，为了确保变革的落地效果，你需要考虑他是否还适合留在你的团队中。

第 4 步：盘结果

"盘结果"是指你在完成以上 3 个步骤后，要根据团队的变革情况进行复盘。盘结果的目的是促进下一阶段变革工作的顺利开展。这一步虽然是"变革闭环管理法"的最后一步，但实际上在整个变革进程中起到的是承上启下的作用。复盘后总结的经验和方法可在下一阶段的变革中使用。因此，你在执行这一步时，除了总结上一阶段的变革工作，还要制订下一阶段的变革计划。关于复盘会议如何开展，你可以按照工具 14 中的"复盘 5 问"进行。

工具总结

"变革闭环管理法"是一个团队能力提升工具，如表 3-7 所示。该方法旨在让你上任后能顺利开展团队变革，快速提升团队能力，让团队具有打胜仗的能力。

表 3-7 "变革闭环管理法"状态分析

步骤	方法
定目标	在变革开始前，制定一个变革目标
定任务	根据变革目标，制定相应的工作任务
控进度	时刻关注相关任务的执行过程与进度，并定期召开进度跟踪会
盘结果	根据团队成员的变革情况进行复盘

高光时刻
畅享职场人生的 30 个实用工具

第四阶段

绩效管理，带领团队打胜仗

一个高绩效团队的背后，一定有一个能做好绩效管理的领导者。如何带领团队完成高难绩效目标？如何执行好绩效任务？如何让自己既干得好也说得好，赢得领导的赏识，照亮绩效成果？如何带领团队做好绩效复盘？面对不理想的绩效结果，应该如何应对？用好本章的 5 个工具，破解绩效管理难题，让你带领团队打胜仗。

绩效目标:"很可能有戏法",制定高挑战目标

绩效管理是指管理者和员工为了实现企业目标,共同参与的绩效目标制定、绩效任务执行、绩效述职、绩效评估与反馈、绩效复盘、绩效结果应对等连续循环过程。绩效管理的目的是持续改进个人、团队和组织的绩效。在绩效管理中,管理者是实施的主体,起着桥梁的作用,对上要对企业的绩效管理体系负责,对下要对团队成员的绩效提高负责。所以,管理者要具备绩效管理能力,这样将有助于达成业绩目标和培养员工,从而实现组织和员工的共同发展。

根据公司总体目标制定团队及团队成员的绩效目标,是管理者的基本职责之一,也是管理者做好团队绩效管理的第一步。带领团队打胜仗的关键在于完成高挑战的绩效目标,所以制定绩效目标并不是一件容易的事。

面临挑战

在制定绩效目标时,你往往会面临以下挑战。

- 你敢于挑战高标准的绩效目标,却总是无法达成,"你的野心配不上能力"。

- 在制定绩效目标后，你带领团队拼尽全力也无法达成，团队成员认为你"眼高手低"，对你的领导能力产生怀疑。
- 因为前期计划不周，你制定的绩效目标无法继续执行下去，想补救为时已晚。

传统操作

为了制定出高挑战的绩效目标，你或许已经尝试过以下操作。

- 积极学习制定绩效目标的相关课程或购买相关书籍。
- 与领导、团队就绩效目标制定进行过多次的深入沟通。
- 使用增加工作时长、借助团队力量、效仿"明星员工"等方法，继续围绕绩效目标展开工作。

当你尝试过以上这些传统操作，仍然无法制定出合理且能达成的高挑战目标，说明你需要使用新的工具——"很可能有戏法"，助你制定高挑战绩效目标。

解决方案

"很可能有戏法"是指你在制定绩效目标时，需要遵循"很具体和很简洁""可测量和可维持""能实现和能影响""有资源和有关联""细节和系统"5个标准，如图4-1所示。

图4-1 制定绩效目标的"很可能有戏法"

1. "很"

制定绩效目标的第 1 个标准是"很具体和很简洁",即思考很具体、描述很简洁。

(1)思考很具体

在制定绩效目标前,你要围绕绩效目标的实现路径进行深度思考,根据绩效目标的实现路径反推如何合理制定绩效目标。

如果绩效目标实现路径比较模糊,那么你可以通过达成目标的关键驱动因素确定目标制定的侧重点。达成目标的关键驱动因素分为成本型驱动因素⊖ 和价值型驱动因素⊖。关键驱动因素不同,目标的侧重点也不同。当绩效目标的关键驱动因素属于成本型驱动因素时,制定高标准绩效目标的侧重点应该是成本改善和效率提升;当高标准绩效目标的关键驱动因素属于价值型驱动因素时,制定高标准绩效目标的侧重点应该是增加收益和持续经营。

如果绩效目标实现路径比较清晰,那么你可以通过思考目标达成的里程碑节点来确定各阶段的工作内容和截止日期等信息。

(2)描述很简洁

你在描述绩效目标时应确保其简洁与聚焦,使每一位团队成员都能理解目标制定的原因。你可以参考以下两个模板来描述绩效目标。

- 实现路径模糊的绩效目标撰写模板:动词 + 数量 + 关键任务
- 实现路径清晰的绩效目标撰写模板:时间点 + 你要达成的结果

⊖ 成本型驱动因素:是指通过提高技术、提高生产效率来降低生产成本,提高企业核心竞争力的因素。

⊖ 价值型驱动因素:美国经济学家拉巴波特确立了五个决定公司价值的重要价值驱动因素:销售和销售增长率;边际营业利润;新增固定资产投资;新增营运资本;资本成本。

如果绩效目标实现路径比较模糊，可以使用公式 1 描述目标，比如，"提升一倍销售利润"；如果绩效目标实现路径比较清晰，可以使用公式 2 描述目标，比如，"12 月 31 日前开拓 10 个新客户"。

2."可"

制定绩效目标的第 2 个标准是"可测量和可维持"，即要做到内容可测量和目标可维持。

（1）内容可测量

内容可测量是指你在制定绩效目标时要尽可能地量化自己的标准，以百分比或绝对值的形式制定目标。这样一来，目标更加清晰，是否达成一目了然。比如，你可以制定"销售额增长 5%"或"增加 10 个销售窗口"等绩效目标。

（2）目标可维持

目标可维持是指你在制定绩效目标时要确保制定的目标对于企业、团队和自身发展是良性的、可持续的，避免制定出"杀敌一千，自损八百"的目标。比如，有的管理者为了抢占市场份额，将目标制定为与竞争对手进行"价格战"，这种目标就是不可取的。你可以拼尽全力达成目标，但目光要放长远，不能将自己逼入拼死挣扎的境地。

3."能"

制定绩效目标的第 3 个标准是"能实现和能影响"，即你要保证目标能实现且能产生正面影响。

（1）目标能实现

你在制定绩效目标时不能眼高手低，要保证目标能实现。你需要分析现实情况与目标之间的差距，思考是否能通过努力在一定时间内弥补差距。绩效目标与现实情况之间通常差距较大，如果你对目标能否实现存疑，那么你可以先问自己以下两个问题。

- 问题1：企业内有人制定过类似目标并实现了吗？
- 问题2：我和团队能在实现目标的过程中有所收获吗？

如果这两个问题的答案都是肯定的，那么这个绩效目标虽然实现难度较大，但仍然有实现的可能；如果这两个问题的答案都是否定的，那么你也不用急着降低难度，可以先思考一下（参考"很"标准），达成这个绩效目标的路径是否清晰，分析团队如何才能达成这个目标，最终确定是该降低目标难度还是继续使用该目标。

（2）目标能产生正面影响

制定绩效目标时，你还要保证目标能给你和团队带来正面影响。你不仅要看绩效目标对于你和团队成员在工作上产生的影响，还要看它对你和团队成员在生活上产生的影响。

工作只是生活的一部分，生活是否顺心，严重影响人的工作质量。如果你制定的绩效目标让你和团队成员感到压力过大，实现起来非常困难，严重影响到你和团队成员的生活状态，那么这样的绩效目标就是不合适的；如果你制定的高标准绩效目标能够激励你和团队成员在工作上努力进取，并且没有对你们的生活造成负面影响，那么这样的高标准绩效目标就是合适的。

4. "有"

制定绩效目标的第4个标准是"有资源和有关联"，即你要做到有资源实现目标，自己的目标与上级目标有关联。

（1）确保有资源实现目标

在制定绩效目标时，你要确保有资源实现目标。这时你要围绕"资源"进行深度思考：你有什么资源？你还需要什么资源？你可以从利益相关者处获得什么资源?这些问题你可以参考"7步供需图谱"(详见工具13)的相关内容思考。

随后,你要对你所拥有的资源进行分类,可分为内部资源与外部资源,如图4-2所示。

图4-2 资源的两种类型

外部资源是指你从外界获取的,包括技能、工具、人脉、资金等。获取外部资源具有不确定性,在制定绩效目标时,你需要考虑到自己是否能获取相关资源。对于可以从外界获取,但暂时没有得到的资源,你可以尽可能地去争取,增大自己的赢面。内部资源需要你从自己和团队内部开发,包括时间、体力、智力、习惯等。内部资源是可以被开发的,你可以尽力激发团队成员的潜能,提升团队成员的自驱力,从而获得更多的内部资源。

(2)确保目标与上级目标有关联

在制定绩效目标时,你还要确保目标与上级目标有关联。如果你制定的绩效目标与上级目标毫无关联,甚至背道而驰,那么目标再高也是无效的。比如,企业今年的战略方向是开拓新业务,你却将绩效目标制定为大力发展存量业务,那么你做出的成绩再亮眼,也难以获得嘉奖。

5."戏"

制定绩效目标的第5个标准是"细节和系统",即你要重视目标的细节与系统平衡。

高光时刻 | 畅享职场人生的 30个实用工具

（1）重视目标的细节

一个完整的目标要有足够全面的行动细节，否则无法有效落地。所以，你在制定绩效目标时要参考"6个明确地图"（详见工具17），确保整张行动地图的清晰度和目标感，以快速抵达目的地，达到高标准要求。

（2）重视目标的系统平衡

在制定绩效目标时，你还要重视目标的系统平衡，即重视目标带来的衍生影响，这些影响会提高团队成员实现目标的动力。如何做到系统平衡呢？在制定绩效目标前后，你需要询问自己以下4个问题。

- 问题1：如果绩效目标实现，会发生什么？
- 问题2：如果绩效目标没有实现，会发生什么？
- 问题3：如果绩效目标实现，不会发生什么？
- 问题4：如果绩效目标没有实现，不会发生什么？

你在回答以上4个问题的过程中，如果发现答案中有负面影响，则说明该绩效目标可能会破坏系统平衡，那么你需要慎重思考后及时调整目标。比如，年终考评达到A+者年底能上加薪名单，这需要你的年度销售额不低于100万元，而现在你带领团队努力后能完成70万元销售额，100万元销售额对于团队是一个不小的挑战，这时你可以通过回答以下"系统平衡4答"清晰绩效目标。

- 回答1：如果能实现100万元的绩效目标，你的收入至少能增长20%，你能租到更舒适的房子，改善生活环境。
- 回答2：如果不能实现100万元的绩效目标，但你通过努力可以将业绩做到70万元，你的收入也没有降低，自己也获得了成长。
- 回答3：如果能实现100万元的绩效目标，你实现了升职、加薪的梦想，不会在购物时犹豫不决，遇到喜欢的商品不会在乎价格。
- 回答4：如果不能实现100万元的绩效目标，你不会升职、加薪，不会获得领导的重视，不会再向 100 万元的绩效目标冲刺，最终你不会再有前进的动力或被企业开除。

在以上 4 问 4 答中，虽然问题 4 看起来有些多余，但回答这个问题对你的影响却是最大的，它帮你清晰展现了目标达成失败的局面，能极大地激发你的危机感，反向提升你的行动力。

工具总结

"很可能有戏法"是一个帮助你制定合理且能实现的高挑战绩效目标的清单工具。为了更快掌握"很可能有戏法"，你可以参考"标准清单"，如表 4-1 所示，确保你制定的高挑战绩效目标达到"很可能有戏法"。

表 4-1 "很可能有戏法"标准清单

标准		标准内容	是否满足	
很	很具体	基于关键驱动因素或里程碑节点制定目标	□是	□否
	很简洁	基于简洁描述公式制定目标	□是	□否
可	可测量	尽可能量化目标	□是	□否
	可持续	避免选择"杀敌一千，自损八百"的目标	□是	□否
能	能实现	制定目标要从现实情况出发，围绕"补差"展开	□是	□否
	能影响	目标能给你的工作与生活带来正面影响	□是	□否
有	有资源	具备实现目标的必要资源	□是	□否
	有关联	目标要与组织战略、部门绩效高度相关	□是	□否
戏	细节	参照"6 个明确地图"（详见工具 17）	□是	□否
	系统	确保目标实现的系统平衡 4 问	□是	□否

工具 17 绩效任务:"6个明确地图",找准行动方向

制定好绩效目标后,接下来管理者要做的是带领团队按目标执行绩效任务。没有目标,所有的努力都没有结果;没有结果,所有的目标都是空想。管理者只有带领团队达成绩效目标,拿到结果,一切努力才有意义。在现实中,当你面对高挑战的目标时,如何做才能成功达成绩效目标?怎样才能保证自己不会在执行绩效任务时迷失方向?

面临挑战

在带领团队执行绩效任务时,你可能会面临以下挑战。

- 你和团队的绩效目标总是难以达成。
- 总是遇到很多问题,你不知道如何处理。
- 你没有弄清楚绩效考核要求,白忙一场。

传统操作

为了达成绩效目标,你可能尝试过以下操作。

- 坚持"笨鸟先飞",相信勤能补拙。
- 遇到问题及时寻求他人帮助,并积极寻找解决方案。

- 与领导沟通后制定绩效任务执行方案。

当你尝试过以上这些传统操作，依然对如何完成绩效任务感到迷茫，这说明你需要使用新的工具——"6个明确地图"，为你拨开迷雾，助你找准行动方向。

解决方案

"6个明确地图"是指你在带领团队执行绩效任务时，要做到"6明确"，分别是"明确目标""明确预算""明确要求""明确资源""明确阻碍"和"明确行动"。

1. 明确目标

只有明确目标后，你才能根据目标确定绩效任务。如何明确目标呢？你要抓住3个关键点，如图4-3所示。

图4-3 明确目标的3个关键点

（1）时间节点

绩效目标的各个时间节点是你要明确的重要信息，你需要明确绩效任务的起止时间、里程碑时间和关键时间节点。

起止时间是指绩效任务执行的开始和结束时间；里程碑时间是指完成绩效目标的各个重要时间点。通过明确起止时间和里程碑时间，你可以判断绩效任务的时间安排是否合理。比如，若起止时间之间相差过短，绩效任务无法在这个时间段内完成，那么你可以及时与领导沟通，尽快寻找转换方式，避免因为起止时间设置不合理而无法达成绩效目标。

关键时间节点是指绩效任务从"量变"到"质变"的转换点。比如，你在开拓新客户时，基于过往数据已经分析出自己的新客户转化周期是 3 个月，那么这里的"3 个月"便是你完成绩效任务的关键时间节点。明确关键时间节点的重要作用在于为自己留出相应的铺垫期，努力在关键时间节点到来之前完成相应任务。

（2）任务背景

明确任务背景是指为了确保你在执行绩效任务时不出现偏差，能够通过任务背景推算出需要达成什么样的目的。在明确任务背景时，你可以思考以下两个问题。

- 问题 1：为什么要执行这项绩效任务？
- 问题 2：之前是否执行过类似的绩效任务？

问题 1 可以帮助你定位自己的执行价值点，激发你朝着价值点努力；问题 2 可以帮助你提高执行效率，在借鉴过往经验的过程中，能迅速避开执行误区。

（3）关键成果

明确关键成果的作用在于你可以根据关键成果确定努力方向。在执行绩效任务时，许多人会出现做"无用功"的情况。这种情况产生的原因就是因为他们没有提前确认好关键成果，做了很多无效工作。

2. 明确预算

如果你当下的绩效任务不涉及预算，则可跳过这一步；如果你的绩效任务涉及预算，在执行过程中要重点关注以下两点。

（1）预算额度

只有明确预算额度后，你才能根据预算额度控制开支。比如，你需要明确财务部给予的预算上限是多少，是否有单项预算上限等。

（2）审批流程

审批流程是你在执行绩效任务前要重点关注的部分，因为审批流程中的各种事项会耗费你较多的时间和精力，你需要在执行任务计划中为这些工作预留出充足时间。

3. 明确要求

明确要求主要指你完成绩效任务的约束条件和约定范围。明确这一点，能帮助你迅速厘清执行思路。你在明确绩效任务要求时，可以从明确任务要求和明确规章制度两个方面出发。

（1）明确任务要求

明确任务要求听起来很简单，实际上其难点在于许多人对可量化的标准关注度较高，而忽略了可量化标准的前置条件。比如，领导对你的要求是"新增业绩50万元"。于是，你马上开始着手制定实现50万元业绩的策略，然而你却忽视了至关重要的"新增"二字。何为"新增业绩"？是指新客户带来的业绩，还是新产品销售业绩？是在一个月内完成，还是在一个季度内完成？这些都是你要了解清楚的，如果你只关注"50万元"这一个可量化的标准，那么很有可能会出现执行方向偏差的问题。

（2）明确规章制度

明确规章制度的作用不必强调，身为企业员工，明确和遵守企业规章制度是必须的。如果你在执行绩效任务时以结果为导向，违反了企业规章制度，那么你做出来的成绩是不被认可的。比如，有的销售人员为了促成一笔交易的达成，给予客户回扣，然而这种行为是企业明令禁止的，那么即使这位销售人员最终达成了这笔交易，也会被企业惩处。在执行绩效任务时，你应该拥有底线意识，遵守企业规章制度，不能为了完成任务不择手段。

4. 明确资源

你在企业中所拥有的资源通常被分为外部资源和内部资源，具体分类可参考工具16，此处不再赘述。除了外部资源和内部资源，还有3种"救灾资源"常常会被忽略。它们分别是协作方联系人、专家和顾问以及必要的生产资料。这3种"救灾资源"看起来作用不大，但在特定情况下，其作用便能凸显出来。

（1）协作方联系人

当执行绩效任务的过程中出现信息不对称情况时，协作方联系人就能发挥巨大作用。协作方联系人可能是你与内部合作团队的对接人员，也可能是你与外部客户的对接人员。为什么这个人如此重要？因为如果你正在做的是靠信息质量取胜的工作，那么他们提供的信息质量如何，几乎可以决定你的成败。他们提供的信息质量越高，你的工作越好开展。所以，你需要和协作方联系人维系良好关系，最好能让其知无不言，言无不尽。

（2）专家和顾问

专家和顾问平时或许很少直接参与到绩效任务执行中来，但当你在执行任务遇到困难时，他们却能发挥重要作用。因为专家和顾问大多经验丰富、专业知识过硬，能够一眼看穿问题的本质，并给予你恰当的建议和方法，迅速帮你解决困难，实现绩效突破。所以，当你在执行绩效任务时遇到难以解决的问题时，要确保能够找到相应的专家和顾问请教。

（3）必要的生产资料

或许你认为不会有人忽略必要的生产资料，因为必要的生产资料是执行绩效任务必定会用到的资源。但为了稳妥起见，你还需要思考"如果这是最后一份生产资料，要怎么用"这一问题。如果你懂得在平时就关注这一问题，就能够随时确保"要事优先"（详见工具12）。这能大大提高你合理配置资源的能力，对于你完成绩效任务大有好处。

5. 明确阻碍

在执行绩效任务的过程中，虽然你不一定需要"救灾"，但可能会遇到一些阻碍。如果你能在执行前充分预判这些阻碍，做好相应的遇险方案，便能很快化险为夷。根据阻碍克服难度的大小，阻碍通常被分为3类，其由下至上难度逐级递增，如图4-4所示。

图4-4　3类绩效任务的实施阻碍

（1）执行阻碍

执行阻碍是指你和团队在技术操作等方面的阻碍。这类阻碍克服起来难度较小，你可以通过针对性的训练、学习等来克服。比如，有团队成员因为对工作内容不熟悉而拉低绩效任务执行进度时，你可以对其进行辅导，并要求其学习相关知识。

（2）人际阻碍

人际阻碍是指你和团队在执行绩效任务时，出现的各种人际关系问题。由于人际关系的可控性较弱，所以人际阻碍应对起来较为麻烦。比如，你的潜在客户方有一位固执的关键决策人，他很难被说服，但只有说服他你才能签下这一单。这时，你就需要对这位关键决策人进行充分了解，根据对方的需求，给出能够打动他的理由。

（3）意外阻碍

意外阻碍即"黑天鹅事件"与"灰犀牛事件"，前者是指难以预测且不寻常的事件，这类事件通常会引起负面的市场连锁反应，甚至为市场带来颠覆性的重创；后者是表现明显且发生概率较高，但常常被人忽视，最终却有可能酿成大危机的事件。罕见的阻碍与太常见的阻碍都属于意外阻碍，会让你防不胜防。因此，在执行绩效任务时，你要有居安思危的意识，确保必要生产资料储备充沛。

6. 明确行动

在明确行动时，你需要明确行动策略，并对策略实施校验。

（1）明确行动策略

为了带领团队更好地执行绩效任务，制定具体的行动策略必不可少。行动策略就是你调动团队的"指挥棒"，也是你让团队正常运转的"铁轨道"。此时，你已经通过上述操作明确了许多关于执行绩效任务的具体方向与细节，在这些前提下制定可操作的行动策略并不是难事，这里不再赘述。

（2）对策略实施校验

当你制定完具体的行动策略就可以直接行动了吗？答案是不能。此时，你还需要完成最后一步——对所有的行动策略进行校准核验，验证行动策略是否能助你完成绩效任务。只有完成这一步，你才能确保行动策略在正式投入使用后能起到相应效果，最终完成绩效任务，实现绩效目标。

工具总结

"6个明确地图"是一个因素指引式地图工具，如图 4-5 所示，旨在通过事前判断让你在执行绩效任务时不迷茫，确保你的每一份付出都有效，不做"无用功"。

图 4-5 "6个明确地图"示意

 绩效述职:"3盏聚光灯",
照亮绩效成果

在整个绩效管理的过程中,绩效述职沟通是一项非常重要工作之一,它贯穿于整个绩效管理甚至团队管理过程的始终。俗话说"既要干得好,也要说得好"。作为管理者,你既要带领团队把工作干好,也要在领导面前正确且准确地展示你的成果——做好绩效述职沟通。

面临挑战

现实中,当你信心满满地来到领导面前进行绩效述职时,往往面临以下挑战。

- 在做绩效述职时,领导总觉得你的绩效述职没有重点,逻辑混乱。
- 在做绩效述职时,领导手里忙着处理其他的工作,没有专注倾听。
- 在做完绩效述职后,领导给出的意见反馈往往只有一句话:"继续努力。"

传统操作

为了在绩效述职沟通时让领导专注地听清楚你的绩效成果且认可你,你可能做出过以下尝试。

- 尽可能量化工作成果,以便直观展现工作成就。

- 反复预演绩效述职场景。
- 把绩效述职 PPT 做得更精美。

当你尝试过以上这些传统操作，依然无法获得领导青睐，难以通过绩效述职为自己加分时，这说明你需要使用新的工具——"3 盏聚光灯"，照亮你的绩效成果。

解决方案

要使用新工具"3 盏聚光灯"，你需要先明白聚光灯的作用。聚光灯就是让所有的光源聚焦在你身上，以此吸引他人的目光。"3 盏聚光灯"是指管理者在进行绩效述职时，可以运用"有何关系""见色做设计""平稳提升"3 盏聚光灯，在绩效述职的开始、中间和结尾部分分别吸引领导的注意力。

第 1 盏聚光灯：有何关系

在绩效述职开始时，你要使用这盏聚光灯向领导阐述你的绩效述职内容与领导有何关系。在阐述这一点时，你不用告诉领导你完成了他布置的什么任务，而是要告诉他你现在的工作成果能为他解决什么问题，这是最能吸引领导，也是最能体现此次绩效述职价值的聚焦点。

比如，一名财务经理就他制定的"报销政策"进行绩效述职时，开场就应该向领导说明该政策可以为领导减少近 70% 的报销审批时间。这样一来，领导的注意力将迅速集中到绩效述职上来，因为述职内容与领导的工作密切相关，他自然希望深入了解。

第 2 盏聚光灯：见色做设计

在绩效述职进行到中间阶段时，你可以使用这盏聚光灯再次吸引领导的注意力。"见色做设计"是基于工具 06 中的"人眼测评法"展开的。你要根据不同颜色的领导风格有针对性地调整绩效述职内容，使得你呈现出来的绩效述职内容正好符合领导的期待。通常情况下，领导的风格可分为绿色、蓝色、黄色和橙色 4 种，如图 4-6 所示。

图 4-6　4 种不同颜色的领导风格

（1）绿色领导风格

这一风格的领导大多会关注下属的工作软实力，看重企业发展蓝图。如果你的领导是绿色风格，那么你在绩效述职中要侧重于体现出与企业共赢、共发展的价值观。你可以在绩效述职中画出"绩效结果达成路线图"，如图 4-7 所示。在该路线图中，你要做好 4 个方面的描述：一是起步描述，即你的工作是如何开始的；二是进展位置，即你的工作进展到哪一个阶段；三是里程碑事件，即各阶段都有哪些里程碑事件；四是目标描述，即达成了什么目标。

图 4-7　绩效结果达成路线图

(2）蓝色领导风格

这一风格的领导往往会关注下属的工作硬实力。如果你的领导是蓝色风格，那么你在绩效述职时要有三个侧重点：一是要体现过硬的工作技术和高效的工作方式；二是要有理有据、逻辑严谨、分析清晰；三是要体现出工作中的突破创新。

(3）黄色领导风格

这一风格的领导往往会关注下属的人际关系处理能力，相比个人绩效，团队协作创造的价值是此风格领导更看重的。如果你的领导是黄色风格，那么你的绩效述职要侧重体现团队合作与和谐共生的理念。

(4）橙色领导风格

这一风格的领导往往会关注成本。如果你的领导是橙色风格，那么你在绩效述职时要阐述工作的性价比和可执行性，并突出结果。你可以在说明绩效结果时用"成本清单"来描述，如表 4-2 所示。该成本清单里，你至少要说明 4 个内容：一是每个阶段的工作任务会用时多少；二是每个阶段的工作任务资金投入是多少；三是每个阶段的工作任务要如何排兵布阵；四是每个阶段的工作任务的成果是什么。

表 4-2　不同阶段的"成本清单"

	阶段 1	阶段 2	总计
工作用时			
资金投入			
人员匹配			
成果			

当然，无论是面对何种颜色风格的领导，你在进行绩效述职时都要向领导表明自己已经达成了什么、正在做什么和准备做什么。这样才能确保

对方可以准确了解你的成就,并第一时间明确你是否在对的工作道路上,以及你未来的工作方向是否正确。你可以绘制一张"年度绩效工作阶段性述职图"。比如,在本年度的每个季度你做出了哪些成果、有哪些工作是正在进行的、有哪些工作是准备启动的,如图4-8所示。

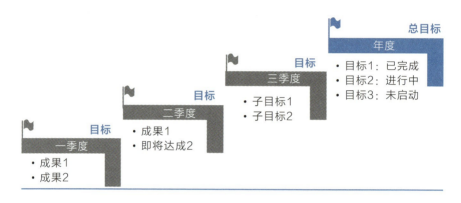

图 4-8 "年度绩效工作阶段性述职图"示意

在使用这一盏聚光灯时,即使你暂时无法识别领导的颜色风格,或者述职时有多位不同风格的领导参加,你也可以使用"年度绩效工作阶段性述职图"清晰阐释自己过去、现在和未来的工作情况及目标。

第 3 盏聚光灯:平稳提升

不知不觉,你的绩效述职已接近尾声。此时,你需要向领导明确展示你的绩效成果,让领导知道你做出了哪些成绩。这一步最简单的操作就是"做比较",即将你执行绩效任务前后的数据情况、价值表现等进行比较。比如,执行绩效任务后,你的业绩环比⊖和同比⊖之间分别提升了多少。无论你如何比较,一定要让你的绩效成果看起来处于平稳提升状态。

⊖ 环比:指某一时间段的数值和上一时间段的数值相比。
⊖ 同比:指某一时间段的数值和上一年度同一时间段的数值相比。

或许你会感到疑惑，绩效成果呈直线式上升不是更好吗？事实上，任何一个企业内部的业绩发展，最忌讳的便是直线上升式的快速跃进，有以下两点原因。

（1）大幅度提升除非伴随重大技术突破，否则都会存在代偿[○]

直线上升式的业绩提升不仅不可持续，严重时还容易导致企业破产，即企业账面利润为正，但现金流断裂，企业无法维持日常运作，最终走向破产。所以，有经验的领导希望企业业绩提升是良性的，对于大幅度的业绩提升往往持警觉态度。

（2）有粉饰和作秀之嫌

上升是一个相对概念，程度的大小取决于参照物是什么。如果你通过偷换概念的操作让业绩提升幅度看起来得到了很大的提升，乍一看成果斐然，但领导很快就会发现其中的秘密。此时，你的行为不仅会影响领导对你工作成果的认可度，还会直接影响领导对你本人品行的评价，得不偿失。

当然，还有一种特殊的业绩直线式提升情况，即某团队在多年辛苦耕耘后，终于解决了技术性难题，绩效成果获得了巨大突破，而你正好在这一阶段就任团队的管理者。此时，你应该在领导面前将历史贡献表述清楚，不能趁机居功。

值得注意的是，虽然有"3盏聚光灯"帮你吸引领导的注意力，但一个人注意力集中的时间有限且标准各不相同，有些人的注意力集中时间较长，有些人的注意力集中时间较短。为了保证绩效述职效果，你最好将绩效述职时间控制在30~40分钟以内。

"3盏聚光灯"聚焦绩效述职的框架设计，但要想让绩效述职更加精

○ 代偿：指某些器官因疾病受损后，机体调动未受损部分和有关的器官、组织或细胞来替代或补偿其代谢和功能，使体内建立新的平衡的过程。在这里是指业绩直线式提升带来的后果需要用其他方面补救。

彩，除了需要"灯光舞美"，显然还应该有精彩的"故事脚本"。至于如何设计出高价值的"故事脚本"，后文的工具 21、工具 24 和工具 25 将为你提供帮助。

工具总结

"3 盏聚光灯"是一个绩效述职描述模板，如图 4-9 所示，旨在通过抓住领导的注意力，让领导肯定你的绩效成果，认可你的工作。

"有何关系"　　"见色做设计"　　"平稳提升"

图 4-9　绩效述职的"3 盏聚光灯"

工具19 绩效复盘："1块看板"，高效赋能团队

绩效复盘是管理者做好绩效管理非常重要的工作之一。绩效复盘能够为团队成员提供一个反馈结果与反观过程的场景。一次高质量的绩效复盘能够帮助团队成员成长，管理者也能通过这一管理工具辅导和赋能员工，从而实现个人和团队的成长。

面临挑战

许多企业都在做绩效复盘，但往往流于形式，最终收效甚微。在日常的绩效管理实践中，你也按照企业的要求带领团队进行绩效复盘，但往往面临以下挑战。

- 带领团队做绩效复盘时，耗时较长，占用了你大量时间。
- 在做绩效复盘时，团队成员往往纠结于绩效考核的公平性问题，争论得不可开交，最终不欢而散。
- 在做完绩效复盘后，团队成员无法从中获得启发，每个人都怕说错话，参与积极性越来越弱。

传统操作

为了应对这些挑战,做好团队的绩效复盘,你可能做过以下尝试。

- 不断尝试新的绩效复盘模板。
- 主动在团队内进行个人绩效复盘。
- 要求团队养成定期复盘的工作习惯。

当你尝试过以上这些传统操作,依然无法让你的团队达到绩效复盘的效用时,这说明你需要使用新的工具——"1块看板",助你高效赋能团队。

解决方案

"1块看板"是指你在带领团队成员做绩效复盘时,可以通过这块看板达成3个效果:一是分析团队取得绩效成果的优势和劣势;二是基于优势和劣势,尝试制定相应的策略;三是确定团队接下来的行动方案。

"1块看板"可以在两个场景中使用:一是制定行动方案;二是绩效复盘。每一个场景的使用方式不同。

1. 制定行动方案

当你带领团队成员制定行动方案时,你需要让他们将各自的相关信息按顺序填写到对应的板块中,如表4-3所示。

表4-3 使用"1块看板"制定行动方案示意

思考优势	尝试制定策略	确定行动方案
这一阶段,我们做得好的……	基于优势和劣势,我们打算尝试的团队策略是什么?	我们的团队行动方案是什么?
思考劣势		
这一阶段,我们做得不好的……	其中哪些策略可以付之行动?	

使用"1块看板"制定行动方案有以下4个步骤。

第1步：思考优势

在这一步，你需要让每位团队成员认真思考本阶段他们工作上的优势，并让他们将答案写在卡片纸上，用时 8 分钟。待所有人写好后，你可以采用"每次、每人贴一张卡片"的形式，将这些卡片都贴在看板的"思考优势"板块中。很多时候，团队成员的优势会重合，所以你可以将具有优势重合成员的卡片放在一起。比如，李强将自己的卡片贴在"思考优势"栏后，如果其他团队成员有与他内容相近的卡片，则贴在李强的旁边；如果接下来的王丽有不同的优势，则在另外一行贴出，如图 4-10 所示。

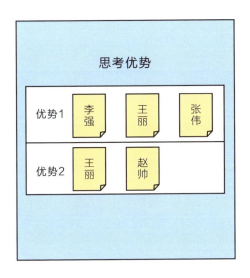

图 4-10 "思考优势"栏展示示意

采用这样的模式，不仅可以最大限度地收集所有成员的优势信息，也能有效避免有人因为张贴顺序靠后而被误会他优势少，进而影响团队成员后续讨论的积极性。

第2步：思考劣势

在这一步，你需要引导每位团队成员思考在本阶段他们工作上的劣势，并让他们将自己的答案写在卡片纸上，同样用时 8 分钟，并且张贴方式也与第一步相同。在这一步中有一个不同之处，就是你需要判断每一个成员写下的答案是"没做好"还是"没做"。比如，某团队成员如果写到"没有筹办团队活动"，这是典型的"没做"，不应该出现在思考劣势板块。

第 3 步：尝试制定策略

在这一步，你同样需要先用 8 分钟的时间让每位团队成员思考"基于优势和劣势，我们打算尝试的团队策略是什么"，并让他们将自己的答案写在卡片纸上，然后再对所有策略进行筛选。为了让所有人的策略更清晰地呈现出来，你可以要求团队成员在策略上写明自己的策略是针对哪一个优势或劣势制定的，如图 4-11 所示。

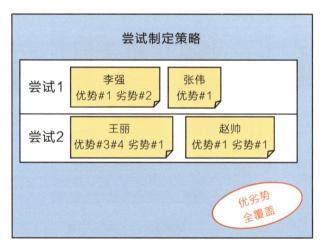

图 4-11 "尝试制定策略"栏展示示意

进行这一步操作的目的是激发团队成员的发散性思维并鼓励他们创新。因此，在这一步，你需要告诉团队成员不用考虑策略的可行性问题，应鼓励每位团队成员把自己的思路打开，集思广益。同时，你还要确保每一个优势和劣势都有针对性的策略，如有遗漏，你可以邀请团队成员就遗漏内容进行二次思考。

将团队成员制定的策略全部张贴完毕后,你还需要引导团队成员思考策略的可行性,筛选出 3~5 个合理性和可行性都高的策略。

第 4 步:确定行动方案

在这一步,你要带领团队成员基于上一步中筛选出的 3~5 个合理性和可行性都高的策略确定出相应的行动方案。你和团队成员确定的行动方案至少要包括时间、任务、执行人和关键绩效指标(Key Performance Indicator,简称 KPI)4 项信息,如还有其他信息可自行增加,如表 4-4 所示。

表 4-4 "确定行动方案"示意

编号	时间	任务	执行人	KPI
#2	5月10日~5月15日	筹备一场团建	李强	季度团建不少于 2 次

每位团队成员都要根据自己的本职工作制定出行动方案,然后再进行团队讨论,确保整体行动的一致性。如果一项工作需要多人协作完成,此阶段你需要明确各方的工作内容和责任,确保协作工作能有序开展。经过前面的分析探讨,团队成员已经大致明确了团队接下来的行动方向,此时你可以让他们基于各自擅长的领域,认领自己希望尝试的任务,如表 4-5 所示。

表 4-5 行动任务认领情况

编号	时间	任务	执行人	KPI
#2	5月10日~5月15日	筹备一场团建	李强负责前期筹备	季度团建不少于 2 次
			王丽负责后勤保障	
			张伟负责活动执行	

这一步的用时你可以根据参与讨论的团队成员人数,以及讨论内容的

实际情况进行动态调整，但此阶段单项时间不得低于 8 分钟，否则很难取得有效成果。

2. 绩效复盘

你和团队成员在制定完行动方案后已执行了该行动方案，并得出了相应的绩效结果。此时，你需要带领团队成员进行绩效复盘，如表 4-6 所示。

表 4-6 "1 块看板" 绩效复盘步骤

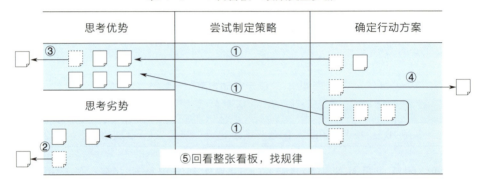

①移动优劣势行动

在这一步，你需要带领团队成员，将确定行动方案板块中团队成员执行得好的方案移到优势中，执行得不好的方案移到劣势中。这里要做两点说明：一是好与坏的评判标准来自确定行动方案对应的 KPI 的完成情况，而不是你和团队成员的主观臆断；二是确定行动方案板块不仅包括制定行动方案时写上的内容，还包括其他团队成员需要完成的工作，在复盘开始前，你需要先调动团队成员将确定行动方案板块补全，确保分析内容涵盖本阶段全部重点工作。

这一步的用时应该占到整体复盘时间的 20%。在这一步，卡片移动的过程就是绩效考评的过程。不同于以往的传统考评，这种以团队行动为载体的考评模式会让团队成员将关注点从"评价得分"转移到"工作成果"。

在卡片移动的过程中，团队成员可以看到各自工作的亮点，与此同时，你也能从中发现更多问题，引发更多的深度思考。

②删除劣势中不必要的内容

随着时间的推移和工作进程的推进，你应该发现有些劣势在当时可能是不足，但现在它们对团队现阶段的工作已无实质意义，应该被删除。比如，最初列出了旧产品生产上的劣势，如今旧产品已下架，那么这一部分劣势即便没有得到解决与改变也应该移出看板。

③删除优势中不必要的内容

在这一步，你应该确保看板上留下来的是对后续工作有帮助的优势。也许有些优势过去曾经帮助团队拿到了很高的绩效成果，但当他们与团队绩效的相关度较低或已经不适应当下发展的需求时，你需要及时将其删除。

④删除行动方案中不必要的内容

应该被你删除的行动方案主要有三个：一是你与团队成员执行后，发现效果并不理想，你需要删除这些行动方案，及时止损；二是你和团队成员执行后发现它们与团队下一阶段的重点工作相悖时，也应该及时删除；三是你和团队成员执行后发现它们可能暂时无法继续执行，也需要你及时删除。需要注意的是，在删除这些行动方案时，你需要与团队成员充分沟通，使他们明确删除的原因，确保所有人达成共识后再删除，以免打击团队成员的工作积极性。

⑤总结规律

调整完所有板块内容后，你需要和团队成员回看与整理整块看板，让团队成员总结行动规律。此时，你应该给所有成员一个彼此激发和表达感受的机会，共同沉淀出可在后续工作中使用的经验。

需要注意的是，执行第②步至第⑤步加起来的时间应该占据整体复盘时间的 40%。如此一来，前 5 步你与团队成员已经一共花费了 60% 的时间，那么此时剩下 40% 的时间有何用途呢？你可以用来制定新一轮的行动方案。一个时长 2 小时的团队绩效复盘会的安排如图 4-12 所示。

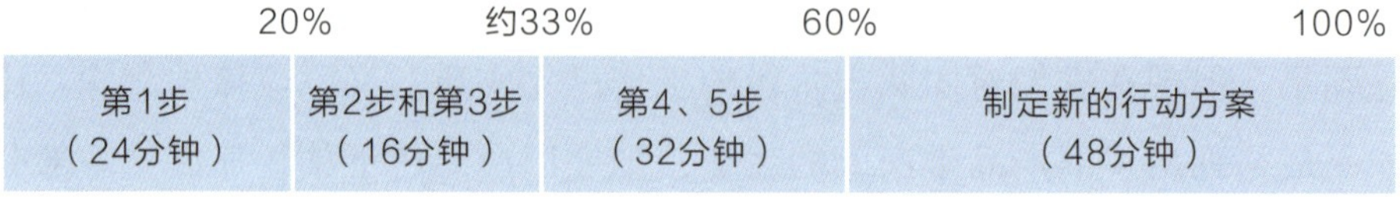

20%	约33%	60%	100%
第1步（24分钟）	第2步和第3步（16分钟）	第4、5步（32分钟）	制定新的行动方案（48分钟）

图 4-12　时长 2 小时的团队绩效复盘会的安排

工具总结

使用 "1 块看板" 进行团队绩效复盘能够在短时间内激发团队成员的智慧，优化行动方案，沉淀有效的经验与方法，提升团队成员的工作能力。在这样的循环下，经过一定时间的经验积累，团队内部就能形成正向的"飞轮效应"，团队成员都会越干越好、越跑越快。

"1 块看板" 在两个场景下的使用要点如下。

要点 1，如表 4-7 所示。

表 4-7　"1 块看板" 在制定行动方案场景中的使用要点

步骤	内容	用时
1	这一阶段，我们做得好的是什么？	8 分钟
2	这一阶段，我们做得不好的是什么？	8 分钟
3	基于优势和劣势，我们打算尝试的团队策略是什么	视情况而定
3	选出合理性和可行性都高的 5 个策略	视情况而定
4	针对 5 个策略制定行动方案，内容至少要包括时间、任务、执行人和 KPI	视情况而定

要点 2，如表 4-8 所示。

表 4-8 "1 块看板"在绩效复盘场景中的使用要点

步骤	内容	用时
1	将这一阶段做得好的任务移到优势中，做得不好的移到劣势中	24 分钟
2	删除劣势中不必要的内容	16 分钟
3	删除优势中不必要的内容	
4	删除行动方案中不必要的内容	32 分钟
5	回看整张整理过的看板，让团队思考其中规律	
6	制定新的行动方案，启动下一阶段工作	48 分钟

# 工具 20 绩效结果:"1 个转变",点燃内心战斗力

在绩效管理中有一项"绩效考核"环节,由于各种原因,会出现绩效理想或不理想的结果。当出现绩效结果理想时,当然是众人欢喜。但当出现绩效结果不理想时,大多数人会出现各种负面情绪。你可以试问一下自己:你是否曾经因为领导批评自己而感到不满,出现委屈甚至愤怒的情绪?你是否因为绩效结果差而不愿面对,产生沮丧、难过的情绪?如果你曾经有过这些情绪,那么说明你不知道如何应对不理想的绩效结果。

面临挑战

在企业中,一个人无论资历深浅、级别高低,也无论身处哪一个行业、就职于哪一个部门都会遇到一类挑战——工作不出成绩,并且通常有以下表现。

- 不知为何,绩效成绩一直不温不火。
- 领导表扬过你的工作,但绩效考评成绩却不理想。
- 工作任务足够饱和,同事关系也比较融洽,但晋升的机会总轮不到你。

传统操作

为了应对不理想的绩效结果,你在工作中已经不止一次地做出过以下尝试。

- 学习新的工作方法,提升工作效率和质量。
- 与领导开诚布公地沟通,了解领导对你的看法。
- 换团队、换部门,甚至另谋高就。

当你尝试过以上这些传统操作,依然无法应对自己不理想的绩效结果,毫无战斗力时,这说明你需要使用新的工具——"1个转变",点燃你的战斗力。

解决方案

"1个转变"是指你在面对不理想的绩效结果时,要从消极心态转变为积极心态。"1个转变"的具体操作可依照以下4步进行。

第1步:关注消极心态

在这一步,你需要明白何为消极心态。消极心态指阻碍你职业发展和绩优表现的负面情绪状态。比如,抱怨、不甘心和颓废等。在明确什么是"消极心态后,你可以从"情景""情绪"和"结果"3个方面出发,分析消极心态可能对你造成的影响,如图4-13所示。

其中,"情景"是指引发消极心态的事件;"情绪"是指具体引发了何种消极心态;"结果"是指消极心态导致的结果。通过对这3个方面进行分析,你还可以得出"结果的结果",也就是更深层次的结果。

比如,小钟在年底绩效考核中,拿到的绩效成绩是"C",这是最低等级的绩效成绩。小钟对此感到十分气愤,因为团队中有许多业绩比他差的人,绩效成绩却高于他。为此,他毅然到人力资源部门投诉给他绩效成绩打"C"的领导。以小钟为例,对他消极心态产生的影响进行分析,得出以下结论,如图 4-14 所示。

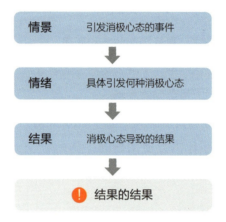

图 4-13　分析消极心态影响的 3 个方面

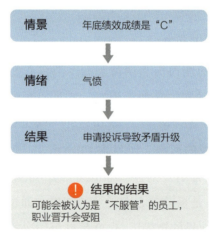

图 4-14　小钟消极心态造成的影响

通过分析可以知道,小钟到人力资源部门投诉自己的领导会导致矛盾升级,最终会被企业高层、小钟的领导等人认为是"不服管"的员工,小钟在企业里的职业晋升会受阻。如果小钟在投诉前，能够从"情景""情绪"和"结果"3个方面出发，分析消极心态可能造成的影响，那么他很可能不会选择投诉领导，而是从转变自身心态入手，寻找新的解决方案。换言之，在你冷静分析消极心态可能造成的影响后，可能会产生心态变化。

第2步：加速心态转变

虽然你冷静分析消极心态可能造成的影响后，心态可能会产生变化，但大多数人很难立刻控制住自己的消极情绪，达不到"不以物喜，不以己悲"的超脱境界。你可能在还未冷静下来思考时，便已经抑制不住地将负面情绪发泄出来。因此，你需要加速心态转变，在发泄负面情绪之前将心态转变过来，以免造成无法挽回的后果。

那么，你应该采取何种措施加速心态转变的进程呢？你可以采用"描述情景法"，在消极心态产生后描述情景。"描述情景法"的核心就是不断追问自己"为什么会这样"。描述完情景后，你要客观分析情景背后的原因，再进一步挖掘造成这件事情发生的本质原因，如图4-15所示。

图4-15 "描述情景法"示意

上文中的小钟如果在投诉前使用"描述情景法"，那么将会出现以下情况。小钟通过描述自己年底绩效成绩为"C"这一情景，追问自己为什么会这样，试图寻找出自己绩效成绩为"C"的客观原因。在寻找客观原因时，小钟可以采用两种方式：一是查阅相关记录，比如"绩效评价表"，这类记录会记录小钟平时工作的实际情况；二是直接与相关当事人沟通，比如小钟可以直接询问领导给自己打"C"的原因，了解自己究竟在哪些地方出了问题。

　　小钟担心自己无法与领导心平气和地沟通，于是他选择了查阅相关记录这一方式，寻找自己年底绩效成绩为"C"的客观原因。通过查阅相关记录，小钟很快找到了自己绩效成绩得"C"的两点客观原因：一是自己的报销金额远高于常规水平；二是自己的售后服务令许多客户不满意。得出这两个客观原因后，小钟再继续追问"为什么会这样"，发现自己太在意业绩成绩，不注重工作过程。以上便是小钟使用"描述情景法"的全部过程，如图4-16所示。

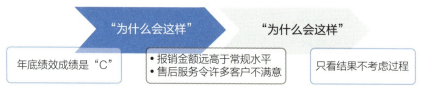

图4-16　小钟使用"描述情景法"的全过程示意

　　通过使用"描述情景法"，小钟的心态转变加速，很快化解了愤怒情绪，转而开始思考自己工作上存在的问题，不再执着于投诉领导。从小钟的案例中，你可以发现要想从负面情绪中冷静下来的最立竿见影的方式便是思考。在思考的过程中，你不仅可以客观分析不理想的绩效结果产生的本质原因，还能明显感觉到自己的呼吸逐渐变得平稳，情绪也随之变得平和。同时，这也是一个梳理信息的过程，底层逻辑与"四位一体法"（详见工具07）中"脑听"的逻辑一致，核心操作方法依旧是多问"为什么"，区别只在于"脑听"梳理的是对方的信息，而这里梳理的是自己的问题。

第3步：践行积极行为

　　当你在第2步梳理出自己的问题，加速心态转变后，如果你接下来的行动是直接解决自己的问题，那么你很有可能会失败。因为这些问题已经伴随你多年，很难轻易解决，扬长避短比修补短板更容易成功，并且在企业中，一个全面但不突出的员工并不比在某方面拥有特长的员工吃香。因此，你接下来的行动是践行积极行为，将自身优势最大化。

仍然以小钟为例，在他得出了自己绩效成绩是"C"的本质原因——太在意绩效结果，不注重工作过程后，他需要根据这个本质原因设计一个能将自身优势最大化，并且能在下一次绩效考评中得"A"（最高等级）的行动计划。心态已得到初步转变的小钟，利用分析消极心态的方式，对自己产生正面心态的过程进行了以下分析，如图4-17所示。

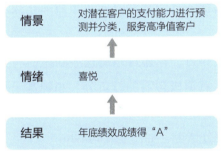

图4-17 小钟的正面心态分析过程示意

通过分析后小钟发现，自己要想在年底绩效考评中得"A"，他需要做出两个方面的改变：一是把愤怒情绪转变为喜悦情绪，积极开展工作；二是要根据自己注重绩效结果的优势，分析怎样做能让自己的绩效结果更好，弥补自己"报销金额远高于常规金额"和"客户满意度差"的问题。小钟的行动策略如下：他对潜在客户的支付能力进行了预测并分类，筛选出其中的高净值客户⊖，并专注于服务高净值客户，这样既能增加业绩，也能提高服务质量，从而提升客户满意度，并且业绩高了，报销金额也可以相应

⊖ 高净值客户：资产净值在600万元以上的客户。

提高。至此，小钟的心态已经完全发生了改变，他不再对自己的绩效成绩是"C"感到愤怒，而是迫不及待想在接下来的工作中大展拳脚。

第 4 步：获得满意结果

众所周知，知易行难，有的人知道行动方案后却因为行动力不足而踌躇不前。为了将积极心态践行到行动之上，真正达成心态的良性转变，你需要思考两个问题，以此点燃你的战斗力。

这两个问题分别是"你行动后可能会带来什么"和"你行动后可能不会带来什么"。然后，你要将这两个问题的答案罗列出来，答案并不唯一。比如，小钟行动后可能会升职加薪且获得丰厚的年终奖等；小钟行动后可能不会投诉领导等。

为了点燃你的战斗力，你还可以对这些问题的答案进行打分，有积极促动作用的打正分，有消极影响的打负分。小钟基于每一项答案的影响和影响程度进行了打分，正分满分为"10 分"，负分最高分为"-10 分"，红色的分数是小种的打分情况，如图 4-18 所示。

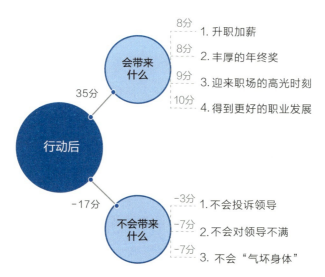

图 4-18 小钟对两个问题答案的打分情况示意

将所有分数合计后，小钟发现自己行动后可能得到的分数比自己不行动可能会扣去的分数要高出一倍多。在肉眼可见的事实面前，任何人都不会无动于衷，小钟自然将全力以赴，付诸行动，努力让结果成真。

为了更好行动，你可以参考工具 16 制定绩效目标；参考工具 17 高标准完成绩效任务；参考工具 18 照亮自己的绩效述职舞台；参考工具 19 实现团队绩效全覆盖，最终达成良好的绩效结果。

工具总结

"1 个转变"是一个可以应对不理想的绩效结果的行动工具，如图 4-19 所示，旨在帮你从消极心态转化为积极心态，点燃你的战斗力。

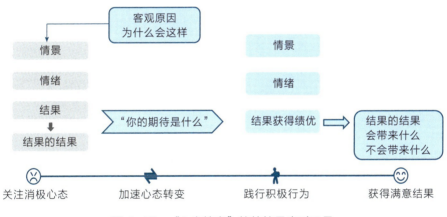

图 4-19 "1 个转变"绩效结果应对工具

高光时刻

畅享职场人生的 30 个实用工具

第五阶段

赢得领导，轻松被提拔

职场人经常会面临职场"魔咒"：自己能干却总得不到重用，同事平庸却能青云直上。事实上，有能力的人不代表就一定可以得到提拔，而"平庸之人"也未必是你想象的那样平庸。每个职场人都希望能在职场中有一番作为，让领导从看见你、关注你、认同你、满意你到赏识你，有朝一日可以获得职位晋升，成为职场的精英和佼佼者。5 个工具，将助你摆脱能干却总得不到重用的职场"魔咒"，让你快速赢得领导信任，轻松被提拔。

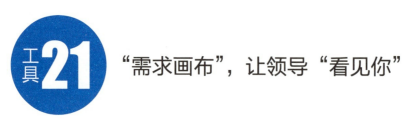

工具 21 "需求画布",让领导"看见你"

在职场上,很多人认为只有经过暗示和提醒,领导才有可能看到自己,自己就像一个"透明人"——升职加薪的"绝缘体"、微信群里的"冷场王"、办公午餐的"独行侠"……这样的处境让你既心酸又无奈,心酸的是自己明明工作能力也不差,但每次升职加薪你都被忽略了;无奈的是你不知道如何才能被领导看见,因为只有被领导看见,你才有可能被委以重任,获得更好的职业发展机会。

面临挑战

无论是职场新人,还是职场老手,往往会面临以下挑战。

- 入职多年,领导一直无法准确地叫出你的全名。
- 每一次"露脸"的机会都不会轮到你。
- 你在部门中总是没有存在感。

传统操作

为了让领导看见你并记住你,你可能做过以下尝试。

- 工作积极主动且经常加班到很晚。
- 在保质、保量的前提下，尽力提前完成领导委派的工作，努力超越领导预期。
- 逢年过节时请领导吃饭，送部门同事一些小礼物。

当你尝试过以上这些传统操作，但领导依然看不见你，对你的评价仅仅是"还行吧"，始终不敢把重要的工作交给你，你在团队中的存在感也依然很弱时，这说明你需要使用新的工具——"需求画布"，让领导看见你。

解决方案

当你收到领导的工作任务后，你要做的不是马上开始工作，而是要先做好领导的需求分析，明确领导下达该工作任务的真正目的。只有当你的工作符合领导的需求，达到领导想要的结果，你在工作上的努力和成果才会被领导看见，领导才会记住你、离不开你。那么，如何分析领导的真实需求呢？你可以通过绘制"需求画布"来洞察领导的真实需求。绘制"需求画布"分为3个步骤，分别是"了解需求背景""制定需求达成策略"和"思考需求阻碍"，如图5-1所示。

图5-1 绘制"需求画布"的3大步骤

第1步：了解需求背景

了解需求背景有以下两个操作要点。

一是对领导的需求进行分类。通常情况下，领导发布的工作任务可以分为"痛点任务"和"痒点任务"两类。"痛点任务"是指领导当下要解决的实际问题且该问题可能已经持续存在一段时间了,甚至可能是不能对外宣扬的"家丑",属于"里子下"的问题。领导在发布这类工作任务时或多或少会带有负面情绪,比如,无奈、埋怨、愤怒、恐惧、悲伤等;"痒点任务"是指领导着眼于企业未来愿景发布的工作任务,是带有领导希冀的"面子上"的问题,领导在发布这类工作任务时,往往会带着喜悦和热爱的情绪。领导发布"痒点任务"和"痛点任务"时不同的情绪反应如图 5-2 所示。

在对领导的需求进行分类时,还会出现另一种情况:领导发布的工作任务拥有比较复杂的背景,你很难单纯地通过工作内容区分它究竟是"痒点任务"还是"痛点任务"。这时,你可以采用从工作结果反推任务类型的方式来确定需求的分类。你可以思考该任务的达成属于"锦上添花"还是"雪中送炭"。一般情况下,能"锦上添花"的是"痒点任务",而能"雪中送炭"的是"痛点任务"。

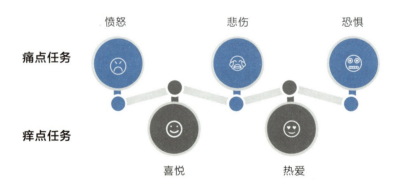

图 5-2 领导发布"痛点任务"和"痒点任务"时不同的情绪反应示意

二是根据领导需求的类别制定针对性的执行策略。在面对"痛点任务"时,你要弄清楚领导为何会产生负面情绪,比如,他为何无奈、为何愤怒。

当你知道这些负面情绪从何而来时，你才能掌握领导需求背后产生的根本原因，明确究竟是哪里出现了问题；在面对"痒点任务"时，你要冷静地寻找领导的期待点，明确领导到底想要你达成什么样的结果，做到"对症下药"。

第2步：制定需求达成策略

什么样的动作容易被看清？答案是简单的慢动作。同理，在企业中，越能满足最小化需求的策略，越容易获得青睐。因此，当你接受了"痛点任务"或"痒点任务"后，需要对任务的需求程度进行分类，细化出领导最迫切需要满足的需求，并制定相应的达成策略满足这些需求。

（1）"痛点任务"的达成策略

"痛点任务"是需要立刻达成、立即见效的任务。因此，达成"痛点任务"需要交付具有实用性的工作成果。制定"痛点任务"的达成策略，有"止痛"和"治痛"两种策略。当你面对痛点任务时，你要首先选择"止痛"策略，再选择"治痛"策略，两者有先后顺序。

"止痛"策略是指将眼下亟待解决的问题立刻解决，达到立竿见影的效果。这种策略通常易于上手，效果明显，但不能从根源上解决问题。"治痛"策略是指对出现的问题进行系统化处理，从根源处解决问题。比如，某部门资料长期无序堆积，查找信息十分困难，领导对此很生气，要求你立刻解决这个问题。此时，你需要采用"止痛"策略，将资料迅速进行标签化分类并归档，使领导能够迅速查找到他想要的资料，达到立竿见影的效果。在"止痛"效果达成后，你才可以思考如何"治痛"，从根源处解决资料无序堆积的问题，系统化设计资料保存方案，包括制定设计资料整理流程、撰写资料整理手册以及开展资料整理相关培训等。

需要注意的是，制定完策略并实施后，你还需要让领导看到你的工作成果，将工作成果可视化，即进行工作汇报，汇报过程可以参考工具 18 中的"3 盏聚光灯"，简单明了、逻辑严谨地汇报"痛点任务"达成情况。

（2）"痒点任务"的达成策略

制定"痒点任务"达成策略的关键是让领导"感同身受"。因为"痒点任务"是对未来的畅想，并不能立刻达成，不能立刻展示达成结果。此时，你需要从内容、形式等各个方面出发，让领导感受到"痒点任务"达成后的预期效果。

比如，你的部门刚刚完成了一个重要项目，领导让你准备一份项目总结作为部门绩效述职的汇报材料呈报给公司。你在撰写这份总结时，有两个关键点：一是内容上应该侧重于撰写项目成果的价值，让领导感受到本次项目成功对于公司未来发展的重要性，对未来项目形成新的展望，项目完成过程中的艰辛和对项目的客观描述等内容也很重要，但在此时只需一笔带过；二是在形式上你可以进行视觉效果处理，比如，将项目总结中的关键字进行加粗、放大，或是采用对比强烈的图表来呈现项目成果，提升领导"感同身受"的效果。图 5-3 所示为项目成果呈现形式的 3 个不同版本对比。

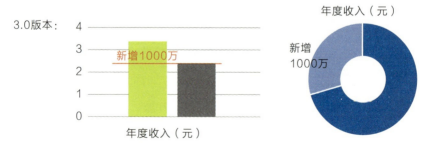

图 5-3 项目成果呈现形式的 3 个不同版本对比

第3步：思考需求阻碍

所谓"需求阻碍"，是指你在开展具体的达成策略之前，要对行动中的潜在风险和可能存在的阻碍做出预判，设定必要的风险控制措施和防范机制。如果你没有对需求阻碍进行必要的思考，在后续执行工作任务的过程中，你将很容易出现"面对困难，力不从心"的状况，甚至工作难以继续开展下去，这也是很多职场人成为"透明人"的重要原因之一。

对于"痛点任务"和"痒点任务"，你在思考需求阻碍时也要有侧重点。对于"痛点任务"，你要关注"风险是否能降低"，即阻碍是否能被克服。此时，你不能存在侥幸心理，要居安思危、防微杜渐，你可以通过绘制"6个明确地图"（详见工具17）来确保你的工作不偏航、不迷航；对于"痒点任务"，你要关注"愿望是否能满足"，即愿望的实现是否会遭遇阻碍，合理运用"7步供需图谱"（详见工具13），来把握领导需求，确保自己达成领导的需求。

需要注意的是，无论执行哪种工作任务，你的工作能力都是决定任务成败的核心因素。"需求画布"这一工具，只能作为你扎实个人工作能力之上的辅助工具。因此，你想被领导看见，使用"需求画布"时，还要不断精进自己的工作能力，打好基本功。

工具总结

"需求画布"是一个帮助你进行领导需求分析的双通路画布工具，如图5-4所示。该工具分别从"痛点任务"和"痒点任务"两个方面出发，帮助你分析领导的真实需求，从而达成领导的需求，让领导看见你、记住你、离不开你。

了解需求背景	制定需求达成策略	思考需求阻碍
"痛点任务"："里子下"	"痛点任务"：立刻达成、立即见效	"痛点任务"：风险是否能降低
领导当下要解决的实际问题，会给领导带来负面情绪	先"止痛"后"治痛"	"6个明确地图"（工具17）
"痒点任务"："面子上"	"痒点任务"：感同深受	"痒点任务"：愿望是否能满足
领导着眼于企业未来愿景发布的工作任务，会给领导带来积极情绪	从内容、形式上让领导看见预期效果	"7步供需图谱"（工具13）

图 5-4　绘制完成的"需求画布"

工具 22 "分析看板",让领导"关注你"

经过一段时间对"需求画布"的运用,你较好地完成了领导发布的工作任务并成功被对方看见。此时,领导心中认为你是一个有潜力的人,想要给你一些成长的机会。于是,他交给你一项重要的工作任务,希望你能再接再厉,取得更好的成绩。面对突如其来的成长机会,你不知该如何把握,你的内心既兴奋又担忧。兴奋的是自己终于有了成长机会,晋升有望;担忧的是害怕自己能力不够,抓不住机会,如果不能把握住这次机会,那么自己将很难赢得领导的关注,之前做的努力也将付之东流。

面临挑战

在职场,当成长机会来临时,往往会面临以下三大挑战。
- 对自己信心不足,担心自己的能力不能很好地完成工作任务,因此拒绝了领导。
- 你不知道如何开展工作,工作质量和进度都堪忧,迟迟没有成果。
- 领导的要求你似懂非懂,但又不敢多问,可不问又进行不下去。

传统操作

为了完成领导交给你的重要任务，让领导继续关注你，你可能做过以下尝试。

- 不断参加各种培训，提升自己的信心。
- 向老同事请教，通过给他们当助手"取经"。
- 把领导的每一项要求都详细地记录下来，在完成工作的过程中经常拿出来看。

当你尝试过以上这些传统操作，依然没有勇气承接新的挑战，抓不住领导给予的成长机会时，这说明你需要使用新的工具——"分析看板"，让领导关注你。

解决方案

当你无法从领导发布的任务中看出领导的态度、情绪时，你就需要使用"分析看板"，短时间内将领导的需求分析清楚。"分析看板"主要包括两大内容：一是分析"何因""何事""何时""何人"和"何地"等任务基础信息；二是分析"怎么做""关键成果""怎么算"和"关键资源"等任务完成路径，如表 5-1 所示。

表 5-1 "分析看板"具体内容

何因	何事	何时	何人	何地
怎么做			怎么算	
关键成果			关键资源	

1. 分析任务基础信息

从"分析看板"中可见，任务的基础信息包括 5 大要素，即"何因""何事""何时""何人"和"何地"。其中，"何因"是指这项任务的价值是什么；"何事"是指这项任务的目的是什么；"何时"是指这项任务的时间表如何设定；"何人"是指有哪些人会参与这项任务；"何地"是指这项任务的适用场景是什么，如图 5-5 所示。

图 5-5　任务基础信息包含的 5 大要素

比如，何伟最近被领导委派了一项新任务——设计员工福利体系。由于企业里没有同事之前做过这项工作，因此何伟能借鉴的经验很少。为了准确地了解领导的需求，他与领导进行了一次深入沟通，得出了以下 5 个任务的基础信息，如图 5-6 所示。

得出以上任务基础信息后，何伟在分析需求的过程中又产生了一些新的疑问。于是，他再次找到领导确认了以下信息，如图 5-7 所示。

领导在一一解答了何伟的疑问后，关注到何伟思考的敏捷性，认为何伟能在短时间内弄清任务的基础信息，是一个可造之材。自此，领导记住了何伟。两个月后，当企业里出现了轮岗锻炼的机会时，领导第一时间想到了何伟，准备通过这次轮岗让何伟加深对企业业务的了解。于是，领导将何伟调派到销售部。何伟在完成销售任务时，依然使用了"分析看板"进行任务基础信息分析，如图 5-8 所示。

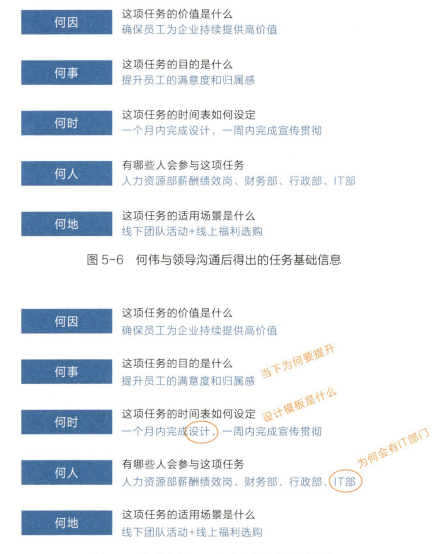

图 5-6　何伟与领导沟通后得出的任务基础信息

图 5-7　何伟与领导再次确认的任务基础信息

图 5-8 何伟梳理的销售任务基础信息

何伟在梳理销售任务基础信息时产生了一些疑问,便向销售部总经理赵总——请教。对方解答后认为何伟逻辑清晰、勤于思考,便教给何伟一些更详细的基础信息梳理方法。赵总指出,如果想要加快销售进程,还需要对"何人"进行分类。根据客户方关注点的不同,大体可将其分为 5 类角色,即"需求人""影响人""决策人""购买人"和"使用人",如图 5-9 所示。

图 5-9 客户方的 5 类角色

通常情况下,采购需求由"需求人"提出,经过"影响人"施加的影响力,到达"决策人"处进行审批。如果"决策人"决定采购,则会由

"购买人"做出购买行为，最终交由"使用人"使用。一般而言，"使用人"与"需求人"都是同一个人或同一类人。在整个采购决策流程中，"需求人"和"使用人"关注产品的使用价值，即产品是否好用、是否能用。"决策人"关注的是产品的体验价值，即这个产品会给企业带来怎样的附加值。比如，知名企业更愿意购买知名供应商提供的产品，因为不仅能购买产品，还能将供应商提供的产品作为自身产品的卖点，获得更多用户关注。"购买人"主要关注的是产品的成本。"影响人"的关注点较为复杂，如果他在产品使用部门供职，则会关注产品使用体验；如果他来自其他部门，则大概率会关注产品使用影响，这里的影响包括产品使用后对企业其他部门的影响和对企业品牌价值的影响等。

需要注意的是，有些"影响人"并不会关注产品本身，而是希望通过影响决策流程彰显自己的地位。在面对这类"影响人"时，你要表现出对他的尊重，让对方感受到你的恭敬，从而促成交易的达成。

在图5-9中，"决策人"和"使用人"上方都画了两把锁，这是因为在销售任务推进过程中，这两种角色是重要的卡点。当产品的性能、质量、价格等客观因素都符合客户方要求，且客户方之前并未使用过你销售的产品时，客户方还会思考产品的替代成本。什么是产品的替代成本？是指新产品替代老产品后产生的变动成本。比如，"决策人"会思考新产品替代老产品后，新产品销售方是否有足够的信用，采购是否能如约达成；"使用人"会思考新产品替代老产品后，是否会增加工作量或改变"使用人"固有的工作习惯，是否需要大量时间去磨合等。此时，你作为销售部门代表，应该想办法打消"决策人"和"使用人"的这些顾虑，让对方明确此次替代成本非常小，从而攻破对方的心理防线。

通过使用"分析看板"，何伟不仅赢得了领导的重视，还成功收获了领导的"独家"辅导。

2.分析任务完成路径

在对任务基础信息进行细致分析后,如何着手完成任务便成了你此时需要思考的重点。分析任务完成路径要思考两个问题:一是"怎么做";二是"怎么算"。

(1)怎么做

怎么做即完成任务的关键成果是什么。关于这个问题,前文中有许多可以借鉴的工具,比如工具 07 中的"四位一体法"等,此处不再赘述。

(2)怎么算

怎么算即你的手中还有多少资源可以利用。在思考这个问题时,你可以将"折叠时间管理法"转化为"折叠资源管理法"使用,具体操作方法如下。

第 1 步,你可以通过现成的工作模板快速了解完成该任务需要的核心技能和关键工具,如果已经具备了这些核心技能和关键工具,那么你可以立刻使用;如果没有具备,那么需要想办法获得。通过这一步,你可以"折叠"你的技能和工具资源。

第 2 步,你可以通过工作流程确保一次性将信息传达给所有相关方,这样可大幅度节省反复介绍和追要审批的时间和精力。通过这一步,你可以"折叠"你的时间和精力资源。

第 3 步,你可以通过知识沉淀,获取工作经验,开拓自己的智力和人脉。通过这一步,你可以"折叠"你的人脉和智力资源。

第 4 步,你可以通过借助外力,将重复度高、难度小的工作外包出去,提升工作性价比。通过这一步,你可以"折叠"你的资金和时间资源。

工具总结

"分析看板"是一个工作任务分析工具,旨在第一时间清楚分析关键任务信息,进而高质量交付任务,赢得领导的关注。"分析看板"主要可分为以下两个部分。

(1)分析任务基础信息

这一部分涉及 5 类问题,即"何因""何事""何时""何人"和"何地"。其中,"何人"又分为 5 种角色,掌握不同角色的不同关注点,可以加快成果转化。

(2)分析任务完成路径

这一部分你需要思考"怎么做"和"怎么算"。

工具 23 "优选列表"，让领导"认同你"

通过不懈努力，你终于用实力向领导证明了自己是可用之才。领导逐步将部门的重点工作交给你负责，并有意识地在一些工作上征询你的意见，希望你帮助他做出正确的决策。然而你总是很忐忑，担心自己提出的意见得不到领导的认同。

面临挑战

为了让领导认同你，你加倍努力，然而以下的挑战却总是困扰着你。

- 你常常埋头苦思到深夜，却想不出任何决策意见。
- 你抓不准工作重点，提出的决策意见领导认为不重要。
- 你给出的决策意见太多，领导不愿意看。

传统操作

为了应对这些挑战，你可能做过以下尝试。

- 向其他同事学习如何提出决策意见。
- 关注领导的喜好，分析领导可能关注的问题。

- 提前做好各个决策意见之间的对比分析，选出一个或两个最优决策意见提供给领导。

当你尝试过以上这些传统操作，依然无法让领导采纳你的建议、认同你的意见时，这说明你需要使用新的工具——"优选列表"，让领导认同你。

解决方案

提供决策意见，本质是根据工作现状，提取与任务成败相关的各个关键因素，并进行综合对比，得出"最优解"。因此，提出建议或指定方案的方法就是列出"优选列表"，可分为两步，即找出"必选项"和"可选项"。必选项包括"投入""产出"和"相关度"3个方面；可选项包括"实操""风险"和"阻碍"3个方面，如表5-2所示。

表5-2 "优选列表"示意

"最优解"解决方案	
必选项	投入
	产出
	相关度
可选项	实操
	风险
	阻碍

在借助"优选列表"提供决策意见时，你需要遵守两个原则。一是如无必要，不要增加必选项；一般必选项不超过两项，如遇重大或复杂决策是必选项时，最好也不要超过3个。二是如无必要，不要增加可选项；之所以还要列出可选项，是因为有的决策内容存在特殊性，需要适度添加可

选项进行补充，以确保决策的全面性，但可选项只是附加选项，不需要过多添加。

第1步：必选项——投入、产出和相关度

因为企业中任何商业行为的开展都需要投入资源才能获得产出，在这个过程中会受到一些相关因素的影响，所以"优选列表"中的必选项包括投入、产出和相关度3类要素。在这3类要素中，每一类要素又可以进一步细分。你需要选出每个要素中对商业行为成败有着决定性影响的关键因素，列入"优选列表"，作为决策意见的重要参考方向。

项目1：投入

在工具16中，你明确了资源可分为外部资源与内部资源。外部资源包括技能、工具、人脉和资金；内部资源包括时间、体力、智力和习惯。将这8类常见资源按照投入属性进一步划分，可分为3种类型：一是产出类资源，即投入该资源后能直接获得回报的，比如到银行存款，投入资金便可以获得收益；二是提升类资源，即投入该资源后能间接获得回报的，比如学习知识，这些知识不一定能用上，但对你的未来发展能产生帮助；三是沉没类资源，即该资源投入后是不可回收的，属于沉没成本⊖，比如时间，做任何工作都需要投入时间且这些时间无法回收。

在"投入"要素中，产出类和沉没类资源通常是关键影响因素，因为这两类资源与回报有着直接关联。其中，产出类资源优选资金资源，沉没类资源优选时间资源，如表5-3所示。这两类资源相比其他资源更容易被量化且使用范围更广，任何一家企业都希望找到资金投入少、用时短且收益可观的项目。

⊖ 沉没成本：那些付出了且无法收回的成本。

表 5-3　8 类常见资源的投入属性分类示意

资源分类		产出类	提升类	沉没类
外部资源	技能		√	
	工具		√	
	人脉			√
	资金	优选 √		
内部资源	时间			优选 √
	体力			√
	智力	√		
	习惯		√	

项目 2：产出

产出要素包含了"3 力"，分别是财力、影响力和表达力，如图 5-10 所示。其中，财力是需要优选的关键影响因素，因为企业经营的本质是盈利，只有盈利，企业才能活下去。

图 5-10　产出要素中的"3 力"

除财力外，你还需要从影响力和表达力中选出次要的影响因素。

影响力包括生理、安全、归属和尊重 4 个因素。你在选择时，需要根据实际情况，找出其中最为重要的影响因素。比如，企业要给上夜班的员工购买意外保险，让你选购产品，如果你的侧重点不同，将会出现不同的选择。可能出现以下两种情况：一是你考虑到购买保险的主要目的是给予员工充足的保障，你购买保险时会从员工生理层面选择；二是你考虑到购买保险是为了让员工安心，你购买保险时会从让员工获得归属感层面选择。

表达力包括求知、审美和自我实现3个因素。通常情况下，这3个因素的选择顺序为求知—审美—自我实现，因为求知是最基础的，越往上越难实现。比如，企业要对员工进行培训，你需要提交培训方案，你究竟应该选择知识传播类培训、能力提升类培训还是自我探索类培训呢？从原则上讲，你应该优先满足企业员工的基础需求，即求知的需求，确保该需求已满足后，再进行其他拓展性培训。

项目3：相关度

相关度是指你在提供决策意见时，要考虑企业的战略、发展方向等因素，然后根据这些因素，思考应该从哪些方面做决策。比如，许多企业在做战略决策时会遇到一个问题：做大还是做强？如果企业选择做强，那么你就需要考虑与深度相关的因素，包括产品质量、工作效率、品牌形象等；如果企业选择做大，那么你就需要思考与广度相关的因素，比如，如何占领市场、扩大规模等，如图5-11所示。

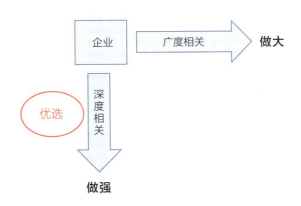

图5-11 两种相关度选择

第2步：可选项——实操、风险和阻碍

可选项包括实操、风险与阻碍3大要素，这3大要素虽然不能量化，但你仍然需要对其进行补充排序，得出需要注意的重要影响因素。

要素1：实操

再好的方案，不落地就是零。在对落地方案进行选择时，你通常可以选择"照搬""调整"与"创新"3种落地方式，如图5-12所示。

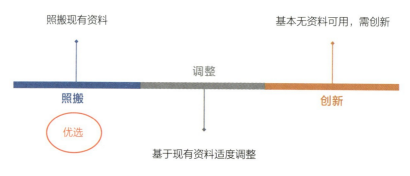

图 5-12　3种落地方案的选择

在选择落地方案时，可能出现3种情况：一是有可照搬资料时，照搬现有资料是最优选，因为它能在最短时间内满足领导需求；二是没有可以照搬的资料时，你可以选择基于现有资料适度调整便能使用的资料；三是面对突破性工作，无可用资料时，你需要进行创新。

要素2：风险

企业开展任何工作都有风险，特别是一些周期较长的项目，你需要事先进行风险预估，选择风险最小的项目开展。如何定义风险的大小？你可以从风险发生概率和损失大小两个维度出发，组合得出4种选择：一是风险发生概率高且损失大的项目，这种项目要直接放弃；二是风险发生概率

高,但损失小的项目,这种项目待定;三是风险发生概率低,但损失大的项目,这种项目待定;四是风险发生概率低且损失小的项目,这种项目是最优选择,如图 5-13 所示。

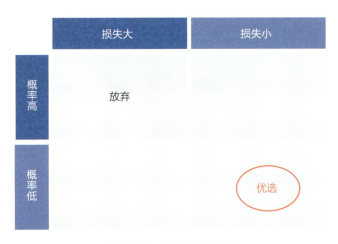

图 5-13　4 种风险选择

要素 3:阻碍

与风险相比,阻碍的事前可预见性更高,在工具 17 中已经说明阻碍可以被分为 3 类,分别为意外阻碍、人际阻碍和执行阻碍。

大部分阻碍都能被事前预见,可分为两种情况:一是因为技能不足导致的执行阻碍,在工作开始前就能确认;二是因为利益冲突导致的人际阻碍,从始至终都会客观存在,不会因为工作任务的更换凭空消失。但意外阻碍却很难被预见,要么被忽视,要么因太过异常不被考虑。所以,将意外阻碍列入可选项中,几乎是无效操作。

阻碍中的优选因素是执行阻碍,如图 5-14 所示。执行阻碍比人际阻碍和意外阻碍更可控且针对执行阻碍做出相应预防对策后,能更快看见效果。

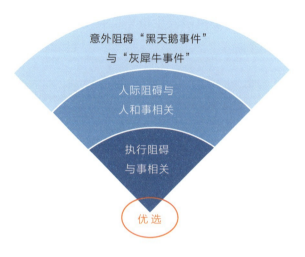

图 5-14　3 种阻碍选择

需要注意的是，当你能从以上所有因素中选出对决策起到决定性影响的"冠军"因素时，就不要再选择其他因素作为补充了，集中火力攻下一个山头，效率更高。这也是使用"优选列表"的第 3 个原则——如无必要勿选"三甲"。

工具总结

"优选列表"是一个多因素筛选工具，旨在通过优化筛选标准提升决策效率，让你成为领导的得力"幕僚"，得到领导认同，如表 5-4 所示。值得注意的是，你在使用"优选列表"工具进行选择时，需要确保 3 个如无必要，即如无必要勿增必选项、如无必要勿增可选项和如无必要勿选"三甲"。

表 5-4 "优选列表"各因素分析

必选项			可选项		
投入	外部资源	技能	实操	照搬	优选
		工具		调整	
		人脉		创新	
	内部资源	资金	风险	损失小概率低	优选
		时间 优选		损失小概率高	
		体力		损失大概率低	×
		智力		损失大概率高	
		习惯	阻碍	执行阻碍	优选
	财力 优选			人际阻碍	×
				意外阻碍	
产出	影响力	生理			
		安全			
		归属			
		尊重			
	表达力	求知			
		审美			
		自我实现			
相关度	做强	深度相关 优选			
	做大	广度相关			

工具 24 "开门见喜",让领导"满意你"

职场中曾有一句话广为流传:"做好PPT,走遍天下都不怕。"PPT一度是各个企业中员工展示工作成绩的重要形式。然而,不知道从什么时候起,PPT的使用开始泛滥,人们往往过于追求PPT形式的美观,却忽视了内容本身。这种喧宾夺主的方式被许多企业领导诟病。于是,他们索性取消了PPT的汇报形式,要求员工做"一页纸报告",在一张纸上说明自己的工作情况。这对许多人来说是一个新的挑战,如何使用"一页纸"做书面汇报呢?

面临挑战

对于刚开始尝试"一页纸报告"的你而言,进行书面汇报时往往面临着以下挑战。

- 你的书面汇报只是罗列了要点,没有主次之分,让领导抓不住重点。
- 你的书面汇报过于详细或过于简单,工作成果不突出,让领导看不到成绩。
- 你的书面汇报上密密麻麻写满了文字,让领导没兴趣看。

传统操作

为了应对这些挑战,你可能做过以下尝试。

- 运用不同字体、字号,清晰标出书面汇报中的重点内容。
- 运用简洁的语言,在书面汇报中分点阐释工作成果。
- 借鉴网络模板,做可视化报告。

当你尝试过以上这些传统操作,依然无法让领导在第一时间抓到报告的重点,让他通过报告认可你的工作成果时,这说明你需要使用新的工具——"开门见喜",做好书面汇报,让领导满意你。

解决方案

"开门见喜"是指采用更加合理的框架、形式,让领导一看到你书面汇报的开头就感到喜悦,进而提升领导对你的满意度。"开门见喜"分为两部分内容:一是开头框架公式化;二是展现形式图表化。

1. 开头框架公式化

开头框架公式化,是指在书面汇报的开头采用以下 4 种写作公式。

(1)"开门见喜"公式

书面汇报的开头要想第一眼吸睛,就要先"报喜"。如何"报喜"?你可以采用"开门见喜"公式,即描述"场景""困境""疑问"和"答案",让领导看到你的成就和价值,如图 5-15 所示。

图 5-15 "开门见喜"公式

以晓莉为例，她刚刚做完一个业务分析项目，按照"开门见喜"汇报公式写出了书面汇报的开头，如图 5-16 所示。

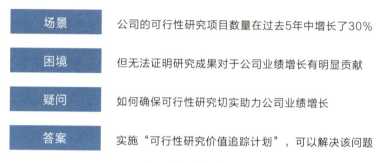

图 5-16　"开门见喜"公式示意

这样的书面汇报开头能在第一时间吸引领导的注意力，让领导愿意往下看。因为这个开头直接陈述了公司面临的难题，并给出了答案，迅速将领导带入了相关情境中。

（2）"敲开门见喜"公式

如果你想通过书面汇报让领导在看到阶段性成果的同时注意到现阶段面临的危机，以此引起领导的重视，争取更多资源，那么你可以使用"敲开门见喜"公式，撰写书面汇报的开头。"敲开门见喜"公式只需描述"困境""场景"和"答案"，如图 5-17 所示。

图 5-17　"敲开门见喜"公式

根据"敲开门见喜"公式，晓莉书面汇报开头可以这样写，如图 5-18 所示。

困境	现无法证明可行性研究成果对公司业绩提升有明显贡献
场景	公司的可行性研究项目数量在过去5年中增长了30%
答案	实施"可行性研究价值追踪计划",确保可行性研究具备变现能力

图 5-18 "敲开门见喜"公式示意

看到这样的汇报开头,领导第一眼就能看到当下面临的困境,可以很好地激发领导对该项目的担忧情绪,思考"可行性研究没有成果,资源是不是被浪费了"等问题。当领导意识到眼下的问题确实需要马上解决时,你再争取资源就会更容易得到支持。

(3)"推开门见喜"公式

除了可以使用"敲开门见喜"公式让领导注意到现阶段的危机,你还可以通过充分传达信心来为自己争取资源,即在书面汇报开头描述"疑问""场景""困境"和"答案",这种公式是"推开门见喜"公式,如图 5-19 所示。

图 5-19 "推开门见喜"公式

根据"推开门见喜"公式,晓莉的书面汇报开头可以这样写,如图 5-20 所示。

与"敲开门见喜"相比,"推开门见喜"是在向领导传达一种问题解决的信心和决心,能让领导更放心地将资源提供给你。

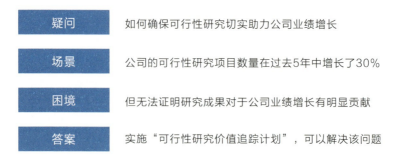

图 5-20 "推开门见喜"公式示意

（4）升级版"开门见喜"公式

上述示例都只是针对单一的困境进行了演示，但在现实中，一个问题往往会衍生出很多表象困境，而解决方案也不止一种。此时，你可以使用升级版"开门见喜"公式，撰写书面汇报开头，如图 5-21 所示。

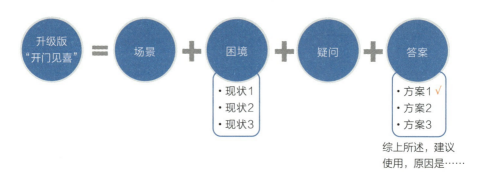

图 5-21 升级版"开门见喜"公式

使用升级版"开门见喜"公式有三个注意事项：一是最多呈现 3 个最典型的现状或最重要的方案，避免出现内容过于繁杂的问题；二是一定要提供解决方案，领导需要看到你解决问题的能力和对问题的思考，并不需要你列出问题让他解决；三是解决方案要有所侧重，将你认为最可行的方案排在前面。

2. 展现形式图表化

在书面汇报中加入图表，也能做到"开门见喜"，让领导更直观、清晰地看到你做出的成果。在使用图表时，你可以运用以下两个技巧，使图表为书面汇报增色。

技巧 1：通过调整坐标轴最大化展现成果

在使用图表时，调整图表坐标轴能最大化展现你的成果。图 5-22 所示为两张年度收入对比图。乍一看这两张对比图，右边图中的收入增幅大于左边图中的收入增幅，但仔细研究你会发现，这两张图中的数据是一样的，只是右侧图中的纵坐标数值从"1"开始，而左侧图中的纵坐标数值从"0"开始。这一点看似微不足道的调整，能给人非常明显的趋势"错觉"，最大化地体现出你的工作成果。另外，在数据增长的绝对值比较亮眼时，柱状图最为合适；数据增幅较大时，饼状图的视觉冲击力更强。

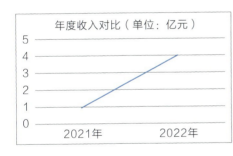
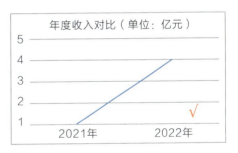

图 5-22　两张年度收入对比图

技巧 2：图表色彩统一

在使用图表时，保持图表色彩统一也能让你的工作汇报看起来更加简洁、大方。小霞绘制了两张销售渠道分布图，如图 5-23 所示。这两张图中，第一张图使用了四种颜色，让人难以辨别图中数据信息，目光都被各种颜色吸引了。

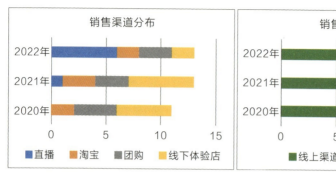

图 5-23 柱状图色彩对比

为了让数据看起来更清晰，小霞将直播、淘宝和团购合并为线上渠道，与线下体验店进行对比，信息指向明确，领导一眼就能感受到趋势变化带来的渠道变化。小霞最后选择了第二张图呈现销售渠道分布情况。然而，这张图很难体现直播这一重要的单项渠道。于是，小霞又做了一张单项凸显柱状图，将直播渠道与其他渠道进行划分，并将需要被关注的部分标识出来，如图 5-24 所示。这张图色彩统一，清晰、直观地表达出了直播的重要性，让领导非常满意。

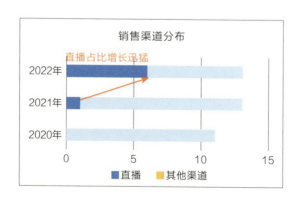

图 5-24 单项凸显柱状图示意

工具总结

"开门见喜"是一个书面汇报开头设计工具,旨在通过工作汇报的形式让领导快速了解你的工作价值和成就,进而满意你的工作,助力你的卓越发展,如图5-25所示。

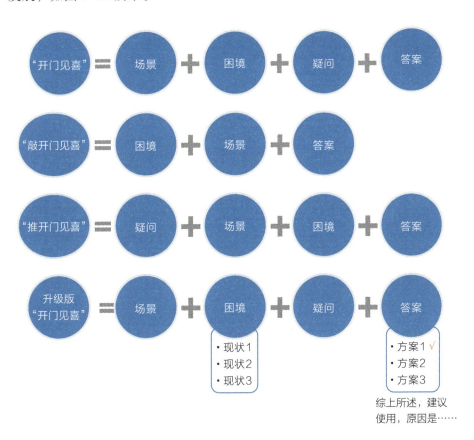

图5-25 "开门见喜"公式汇总

工具 25 "透析问题",让领导"赏识你"

一个"开门见喜"的书面汇报开头能让领导放下手中的工作,关注你的汇报内容。当你做好这一步,这意味着你的书面汇报已经成功了一半。那么,另一半的成功来自哪里呢?自然是书面汇报的正文。书面汇报正文好,领导赏识少不了。

面临挑战

虽然你明白要想赢得领导的赏识需要写好书面汇报的正文,不能虎头蛇尾,但在实际操作中,往往面临以下挑战。

- 你的书面汇报开头让领导产生了兴趣,但后续内容空洞,让领导大失所望。
- 你的书面汇报正文逻辑性较差,陈述混乱,让领导认为你没用心做。
- 你在书面汇报正文中没有将问题分析透彻,提出的解决方案可行性差,让领导觉得你的能力不足。

传统操作

为了完成足以让领导赏识你的书面汇报,你可能做过以下尝试。

- 积极参加职场写作相关培训或购买相关书籍。
- 在日常工作中训练自己的逻辑能力。
- 让同事、朋友帮忙分析问题症结所在。

当你尝试过以上这些传统操作,依然无法写好书面汇报的正文,有效传递自己的工作内容和价值时,这说明你需要使用新的工具——"透析问题",让领导赏识你。

解决方案

"透析问题"不同于工具 22 中浅显地分析问题,而是在书面汇报中深入地将问题分析透彻,并基于问题症结点提出解决方案,最终获得领导赏识。"透析问题"分为 4 个步骤,即"准确描述问题""分析问题相关信息""查找问题产生根源"和"充分考虑问题产生的时间和场景"。

第 1 步:准确描述问题

在书面汇报开头,你使用"开门见喜"工具将问题要点提炼出来。紧接着,你需要在正文中将具体问题描述清楚,否则领导很难认可你的分析,也无法赞同你的解决方案。如何在书面汇报的正文中准确描述问题呢?你可以采用两种描述方法:一是多量化,用数据说话;二是举例子,用事实说话。这两种描述方法更具说服力,也能展现出你的严谨性。

(1)多量化,用数据说话

在描述问题时,你可以将描述量化,采用量化描述公式,如图 5-26 所示。量化描述不仅指在描述中多使用数据,还指加上一定的程度描述,比如使用"增幅""降幅"等词汇。你可以通过以下两个问题描述方式体会量化描述的作用。

问题描述 1:近期公司员工的工作状态持续低迷,工作积极性也大打折扣,影响公司发展。

图 5-26 "量化描述"公式

问题描述 2：近期公司进行了员工工作状态调查，结果显示员工整体工作积极性降低了 16%，这是公司成立以来的最高降幅。同时，近期公司整体业绩目标未达成，差额为 –20%。因此，可以看出员工低迷的工作状态已经开始阻碍其产出，进一步持续将会制约公司发展。

其中，问题描述 2 中的"16%"和"–20%"属于数据，而"最高降幅"和"未达成""已经"等词汇属于程度描述，将这两者结合起来，能让问题描述更准确、更可信。

（2）举例子，用事实说话

你在描述问题时，不仅要多量化，还要举例子。比如，在问题描述 2 中，"工作状态调查"和"整体业绩目标未达成"等描述属于证明"员工低迷的工作状态已经开始阻碍其产出"的例子。在举例子时，你要用最少的文字将必要的信息传达出来，案例也要选择最具代表性、最能说明问题的例子且不要超过 3 个。

第 2 步：分析问题相关信息

这一步你可以采用工具 22 中的"分析看板"进行，如图 5-27 所示。

其中，"为什么是你来解决这个问题"最容易被忽视，但如果这个问题能够得到准确回答，那么你得出的解决方案才是有效的，因为你理解了领导委派你解决问题的用意。回答这个问题时，你需要思考你是否拥有解决该问题的关键资源，你可以根据前文中的资源分类进行分析，找出你解决这个问题的核心竞争力，如表 5-5 所示。

图 5-27 问题"分析看板"示意

表 5-5 关键资源分析

资源分类	资源分析	
外部资源	技能	你更擅长解决这样的问题
	工具	你具备别人没有的工具
	人脉	你掌握解决问题的关键性人脉
	资金	你可以筹措到充足的资金用以解决问题
内部资源	时间	你有足够的时间投入进去
	体力	你有充沛的体力投入进去
	智力	你有足够的智慧去解决这个问题
	习惯	你的习惯可以助力这个问题的解决

如果你解决该问题的核心资源是你的工作技能，那么你的书面汇报正文中就要着重描写如何运用专业技能解决问题。

需要注意的是，有些问题持续的时间长、覆盖范围广，涉及的利益相关者很多，问题解决起来很复杂。此时，你需要深思熟虑，不能随意给出解决方案，要用有限的资源创造出最大的效益。

第3步：查找问题产生根源

查找问题产生根源是制定解决方案的依据，也是分析问题的难点和关键点。在这一步，你应该多问"为什么"。以"员工工作状态持续低迷"这个问题为例，你需要反复询问"为什么"，如图5-28所示。

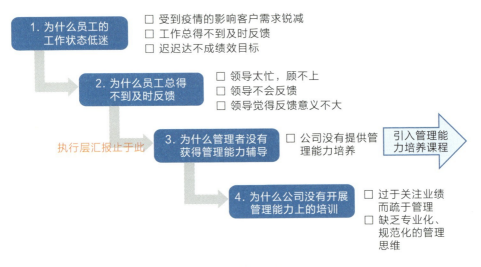

图 5-28　多问"为什么"方法示意

第1个问题，你可以询问自己"为什么员工的工作状态低迷"。针对这个问题你得出了3个答案，即"受到疫情的影响客户需求锐减""工作总得不到及时反馈"和"迟迟达不成绩效目标"。其中，答案1"受到疫情的影响客户需求锐减"不具有普适性，不需要过多分析；答案3"迟迟达不成绩效目标"无法判断是由员工状态低迷导致的，还是引起员工状态低迷的原因，你需要暂时搁置。这样就只剩下了"工作总得不到及时反馈"这个答案，你要围绕这个问题再问"为什么"。

第 2 个问题，你可以询问自己"为什么员工总得不到及时反馈"。针对这个问题你得出了 3 个答案，即"领导太忙，顾不上""领导不会反馈"和"领导觉得反馈意义不大"。在回答这个问题时你不能通过自己的主观判断得出答案，因为你并不是领导，你需要对领导和员工进行调研，才能得出答案。比如，你从调研中了解到"领导太忙，顾不上"和"领导不会反馈"是主要原因，而这两个原因都是管理能力不足造成的。

第 3 个问题，你可以询问自己"为什么管理者没有获得管理能力辅导"。如果最终确定是领导管理能力不足导致员工的工作状态低迷，你就要考虑引入管理能力培养课程，但先别着急往深挖，因为工作汇报的目的不是为了给公司"开药方"，而是要切实解决问题，优先把自己能解决的做好，彰显自身的工作价值，才能为自己赢得更好的未来。如果你身处执行层，在做问题分析时做到这一步即可。

如果你是公司决策层，那么你还要询问自己第 4 个问题，即询问自己"为什么公司没有开展管理能力上的培训"。这是更深层次的原因，你要在逐步询问"为什么"的过程中，找到问题产生的根源。然后自上而下系统性、彻底性地提出解决方案，不能"头痛医头，脚痛医脚"。

第 4 步：充分考虑问题产生的时间和场景

这一步的作用是确保前 3 步中得出的分析结果具有普适性，因为有些问题不是特殊情况下产生的特殊问题，对后续工作不具有指导意义，对其进行分析没有太大意义。

仍然以第 1 步中的问题为例，在充分考虑员工工作状态低迷的时间和场景后，你发现该问题的产生时间是疫情爆发时期，场景是员工居家办公。这是非常特殊的时间和场景，当疫情好转，员工回到办公室后，你再根据当时的问题设计解决方案，显然是不适用的。

工具总结

"透析问题"是一个复合分步式问题分析工具,旨在通过将问题分析透彻,找到问题症结,提供解决方案,并将这些分析反映在书面汇报的正文中,可最大程度获得领导的满意和认同,轻松被提拔,具体分为以下 4 步。

- 第 1 步,要准确描述问题;
- 第 2 步,用"分析看板"(详见工具 22)分析问题相关信息;
- 第 3 步,多问"为什么"分析问题产生的根源;
- 第 4 步,充分考虑问题产生的时间和场景。

高光时刻
畅享职场人生的 30 个实用工具

第六阶段

畅享职场，一直高光

在职场上，偶然的"高光"很容易，比如在项目会上的一次精彩发言就能让你收获掌声。但只有让自己一直"高光"，获得可持续的职场核心竞争力，你才有可能不断向上攀登。所谓"成功不随便，随便不成功"，要想让自己在职场上一直身处"高光时刻"，需要"天时、地利、人和"，同时还要撬动"高光"杠杆，争取更多资源和巧妙避坑，才能一直赢在职场。

工具 26 抓住"3大黄金时刻",轻松签单

俗话说"金杯银杯不如客户的口碑"。在企业中,你不仅需要得到内部人员(比如领导、同事)的认可,还要服务好客户,赢得客户的认可。这一点对于销售人员尤其重要。做销售,如果你走不进客户的心,那么你就拿不走客户的钱。

面临挑战

随着行业竞争的加剧,销售员越来越难赢得客户的信任。你在销售产品的过程中,往往面临以下挑战。

- 客户总是希望产品越便宜越好,同时还要质量好、交货快。
- 客户总是希望你能理解他,但却不给你了解他的机会。
- 客户时常"说一套做一套,想一出是一出",需求飘忽不定。

传统操作

为了服务好客户,你可能做过以下尝试。

- 向客户展示产品的独特卖点,体现产品价值。

- 与客户多次沟通交流，了解其诉求。
- 为客户提供多种选择方案。

当你尝试过以上这些传统操作，依然无法读懂客户，俘获客户的"芳心"，让客户信任你、认可你时，这说明你需要使用新的工具——"3大黄金时刻"，轻松签单。

解决方案

在销售产品的过程中，当你付出许多努力仍然无法获得客户的认可且成功签单时，可能有两种原因：一是你用错了工具；二是你选错了时机。如果你仅仅是用错了工具，那么你可以重新选择工具再做尝试。但如果你是选错了时机，那么你将失去成交的机会，机会是难遇的，失去了就不会再来。所以，在"天时、地利、人和"中，"天时"排在第一位。要想轻松签单，你要抓住"3大黄金时刻"，把握"天时"。

"3大黄金时刻"分别是指最初时刻、最好时刻和最终时刻。在这3个时刻里，你要牢牢抓住时机，对客户做三个动作：情绪甄别、情绪锚定和情绪激活，如图6-1所示。

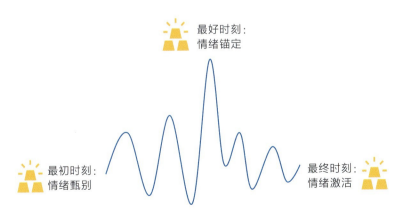

图6-1 "3大黄金时刻"运用示意

1. 最初时刻：情绪甄别

第 1 个黄金时刻是最初时刻，是指你与客户接触的第一时刻。在该时刻，你要做的动作是甄别客户情绪。

举例，肖风是一家咨询公司的合伙人，他如约拜访一位企业家客户。见到客户时，客户正在阅读一本厚厚的《集团绩效制度》。见到肖风后，客户苦笑道："肖总，您快来看看，我们公司的绩效考核制度到底该怎么改？现在的绩效考核制度不仅对员工起不到激励作用，还增加了管理成本。"说完，客户轻叹了口气。在"最初时刻"，肖风快速对客户的情绪进行了甄别，并将客户情绪与自己的情绪在心里做了对比，如图 6-2 所示。

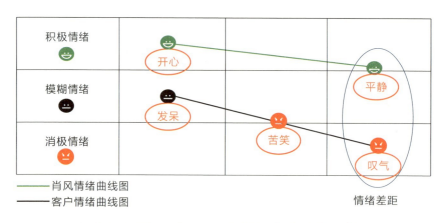

图 6-2　客户情绪与肖风情绪第一次甄别对比分析

甄别客户的情绪后，肖风接下来要做的动作是快速缩小自己与客户情绪之间的差距，与客户产生共情，引导对方从负面情绪中"走"出来。否则当客户一直处于负面情绪时，肖风运用再好的销售话术也是无用功，因为客户根本不会在意肖风说了什么，更别谈购买他的产品。因此，肖风马上对自己的情绪进行了调整，展现出自己稳重、专业的一面，开始与客户沟通。

肖风："咱们制定绩效考核制度的目的是什么？"

客户："首先我希望通过绩效考核制度让企业持续盈利；其次我认为这个制度能激励员工。"

肖风："您说的是两个层面的内容，持续盈利是组织层面的，而激励员工则是员工层面的，您觉得这两方面哪个是本质问题？"

客户："那肯定是企业盈利，不然其他的都是空谈。"

肖风："我这里有一个指标，既可以考核绩效，又可以控制成本，还能监控组织效能，您看能满足您的要求吗？"

在沟通的过程中，客户逐渐从消极的情绪中走出来，连连点头，脸上也多了一些笑容。此时，肖风再一次对客户情绪进行了甄别，并将客户情绪与自己的情绪做了对比，发现客户出现了明显的情绪转折点，如图6-3所示。

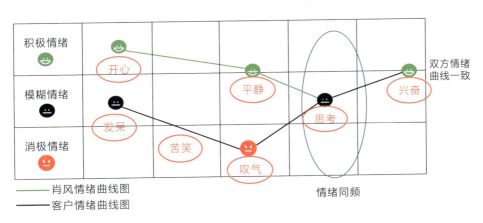

图6-3 客户情绪与肖风情绪第二次甄别对比分析

那么，肖风是如何让客户的情绪发生转折的呢？答案是由浅入深地询问客户多个开放性问题，如图6-4所示。

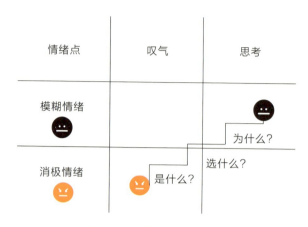

图 6-4 情绪转折阶梯

引导客户情绪的最佳方式是提问,提问原则是从易到难,从好回答的问题开始提问,让客户的思维围绕你提出的问题运转。比如,假设肖风见到客户后提出的第一个问题是:"为什么会出现这样的问题?"那么客户会开始批判绩效考核制度,不仅浪费时间,还会加重客户的负面情绪。因此,肖风从"绩效目的是什么"开始询问,可以让客户冷静下来。

当客户的情绪得到缓解,理性思维占据上风时,肖风此时就可以向客户提供解决方案,顺利进入第 2 个黄金时刻。

2. 最好时刻:情绪锚定

第 2 个黄金时刻是最好时刻,是指客户情绪和状态最好的时刻。在该时刻,你要做的动作是锚定客户情绪。

如何锚定客户情绪?答案是提供超出客户预期的解决方案。比如,肖风向客户提出了一个绩效考核方案,并告诉客户这个方案既可以考核绩效,又可以控制成本,还能监控组织效能,客户听完后会感到惊喜。这种"既可以……又可以……还能……"的表达方式,能让客户感到物超所值。

一个问题通常有多种解决方案,但对客户而言,解决方案并不是越多越好,而是越聚焦越好。哥伦比亚大学曾做过一个试验:在超市中摆放6种果酱,其购买率是摆放24种果酱的10倍。由此可见,产品不是做多,而是做少,必要的精简往往能提升客户的购买决策效率。所以,当你在为客户提供解决方案时切勿贪多,最好不要超过3项。同时,在你将解决方案提供给客户之前,要进行初步筛选,筛选出效果最好、客户最容易接受的方案。

3. 最终时刻:情绪激活

第3个黄金时刻是最终时刻,是指客户签单前的最后时刻。在该时刻,你要做的动作是激活客户情绪,让客户对你提出的方案产生兴奋感,彻底激发客户的签单欲望。

仍然以肖风为例,在提出解决方案后,肖风继续说道:"这个指标就是人均利润,不过我建议咱们先考核人均收入,因为相应的财务环境还需要培养,好在咱们企业全面预算管理比较成熟,考核收入也不会导致成本失控。"客户听后立即表示:"这个想法好!你能做吗?"

当客户问出"你能做吗"这句话时,意味着客户的情绪被彻底激活,肖风成功获得了客户的信任,如图6-5所示。

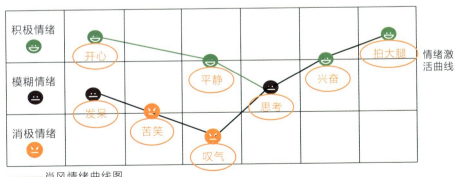

图6-5 情绪激活曲线

工具总结

"3 大黄金时刻"是一个情绪激活工具,旨在抓住与客户沟通过程中的 3 个重要时间点,引导客户签单,其中涉及的 3 个时刻如图 6-6 所示。

图 6-6 "3 大黄金时刻"情绪曲线示意

工具 27 满足"高光 3 要素",营造高光场景

在职场中,当你在做工作汇报时,为了达到最好的汇报效果,你可能会设计一个吸引领导注意力的汇报场景;当你在销售产品时,为了成功签单,你可能会设计一个产品的使用场景,让客户身临其境……这些你精心设计的场景,就是"地利",能让你的目标更快、更好地达成。

面临挑战

在现实中,不是所有人都能营造出好的场景来让自己达成目标,起到增光添色的作用。在实际操作中,往往会面临以下挑战。

- 你营造的场景形式单一,客户体验感差。
- 你营造场景的形式过于夸张,导致对方只关注形式,忽略了内容本身。
- 你营造的场景使用了太多元素,没有重点。

传统操作

为了应对以上这些挑战,你可能做过以下尝试。

- 利用"声光电"营造场景,全方位提升客户体验感。

- 使用更简单的形式营造场景。
- 找到最能体现主题的元素营造场景。

当你尝试过以上这些传统操作，依然无法成功签单且让领导满意时，这说明你需要使用新的工具——"高光3要素"，助你营造高光场景。

解决方案

"高光3要素"是指目的、场景和人。

1. 目的：有何感受

在营造高光场景前，你要明确营造目的。明确目的的难点在于你错将达成目的的手段当成了目的本身，因此营造出的场景无法打动对方。举例，你在工作汇报中运用"3盏聚光灯"法，目的是吸引领导的目光吗？显然不是，吸引领导目光只是让领导提拔你的一种方法，而不是目的本身。一旦了解了什么是真正的目的，你才会明白应该关注对方哪些方面的感受。比如，你想提升产品销量，于是你设计了试吃的场景活动，客户试吃后感受很好，但并没有下单购买，原因是你将客户试吃时的感受错误地当成了客户购买产品的感受。

在营造场景时，你要找到达成目的应该产生的感受，并让对方产生相应的感受。比如，你想让客户下单，就要想办法让客户对你的产品满意，觉得购买你的产品"很值"；想要领导提拔你，就要想办法让领导对你的工作满意，觉得你是一个可以提拔的员工。

2. 场景：在何种情况下

明确目的后，你要开始设计场景，让场景加强对方的感受。场景设计分为宏观背景设计和微观五感设计两个方面。

当你在设计宏观背景时，场景要包含3个要点：时间、地点和事件，如图6-7所示。

图 6-7　设计宏观背景场景的 3 个要点

当你在设计微观五感时，场景要包含 5 个要点：看到什么、听到什么、闻到什么、尝到什么和摸到什么，如图 6-8 所示。

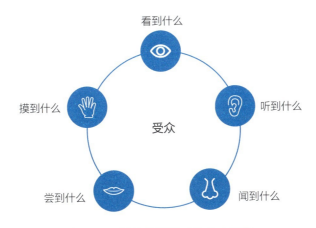

图 6-8　设计微观五感的 5 大要素

需要注意的是，你在设计场景时，要做到宏观背景和微观五感的统一，使整个场景和谐且能够为达成目的服务。以方乾为例，在居家办公期间，方乾采用了直播带货的方式，业绩不降反升。恰好面临年中述职，方乾希望在此期间能为自己争取一个晋升机会。于是，他开始设计述职场景。本次年中述职采用线上述职的形式，方乾做出了 4 个方面的场景设计：一是主动争取了第二个进行述职的顺序，因为第一个述职很容易受到设备调试、情境适应等因素的影响且听众还未 100% 投入到述职场景中；二是缩短了述职时间，将述职时间控制在 30 分钟内；三是采用了"开门见喜"公式，精心设计了述职开头，如图6-9所示；四是采用了图表展示自身取得的成绩，如图6-10所示。

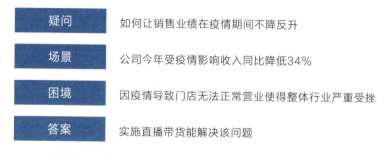

图6-9 方乾使用"开门见喜"公式设计的述职开头

图6-10 方乾绘制的图表

在进行述职时，方乾还对自己的语气、语速和需要重点强调的内容也进行了场景设计。比如，在说到"逆势增长"4个字时，他特意加重了语气、放慢了语速；在提到自己的业绩不降反升时，他重复了3遍"通过开辟直销渠道，个人业绩不降反升"。在述职快要结束时，方乾还慷慨激昂地向领导保证今年势必能超额完成业绩目标……这些场景设计使得方乾的述职效果非常好，他达到了自己的场景设计目的——述职结束的3个月后，方乾晋升为业务部门主管。

基于目标选择合适的宏观场景，设计适配的微观五感，尽可能多地调动领导或客户的五感体验，加强效果穿透力，这就是你在场景设计环节需要完成的动作。

3. 人：受众认可何种策略

人是指受众，即目标群体，在销售过程中主要指目标客户，在企业中主要指领导和同事。在这一环节，你要做3个动作：一是要对受众进行划分，通常情况下，可以将受众分为3类——认可你的人、不认可你的人和认识你的人，如图6-11所示；二是对3类受众进行分析，找出受众认可哪种策略，得出营造高光场景的具体策略。

认可你的人
- 认可什么
- 满意什么

不认可你的人
- 是误解导致的
- 是失误导致的

认识你的人
- 怎样才能认可
- 怎样避免不认可

图6-11　3类受众及分析示意

（1）分析认可你的人

分析认可你的人，他们认可你的什么，满意你的什么，你能知道自己的核心竞争力在哪里，将其记录下来，运用到高光场景营造中，能让你事半功倍。

（2）分析不认可你的人

分析不认可你的人，要明确你为什么不被认可。通常情况下，不被认可的原因主要有以下两种。

一是你与对方之间存在误解，对方不认可你。此时，你要采取的策略是通过各种真实数据，摆出证据证明自己，尽快让对方消除对你的误解。

比如，方乾在年中述职中被某位领导质疑数据的真实性时，他应该第一时间将数据来源和业绩达成过程呈现清楚，消除领导对他的误解。

二是你在工作上曾经有过失误，导致对方不认可你。此时，你要采取的策略是将错误更正，如果你的失误让对方造成了不可挽回的后果，那么你还要进行弥补。一次失误，对方很可能终生认为你"不靠谱"，所以你更正和弥补错误的行为要持续进行，在后续工作中逐步证明自己。

（3）分析认识你的人

这里所说的"认识你的人"是指除认可你和不认可你的人之外的，那些对你了解不深的人。对于这些人，你要先了解对方，然后结合对认可你和不认可你的人的分析，尽量在后续接触中争取对方的认可。

工具总结

"高光3要素"是一个多因素场景设计工具，旨在通过核心3要素的有机整合将预期体验安全、有效地传递至受众，营造出属于自己高光场景，如图6-12所示。

图6-12 高光场景营造3要素

聚焦"贵人伯乐评分表",找到"贵人"和"伯乐"

2020 年,首批"90 后"三十而立,已成为职场的中坚力量;2021 年,"00 后"开始进入企业实习。跟过去相比,现在的职场环境已经发生翻天覆地的变化。如何吸引、留住年轻人,如何将代际分布鲜明的人才体系适配企业发展路径,成了企业的一道必答题。倒逼之下,越来越多的企业开始转变思路,实现扁平化管理方式。这样的管理方式确实能留住一些年轻人才,但同时也会产生一个弊端:上下级边界的扩大,让员工找不到自己的直属领导。试想一下,如果你的公司恰好是扁平化管理方式,你能准确地说出谁是你的直属领导吗?

面临挑战

在扁平化管理方式下,你时常要面对多位领导,此时你往往会面临以下挑战。

- 当你同时向多位领导汇报工作时,总是有一位领导对工作结果不满意。
- 一部分领导认可你,一部分领导不认可你,你不知道如何才能"左右逢源"。
- 你的工作成果"大领导"看不见,难以升职加薪。

传统操作

为了让多位领导同时满意，你可能做过以下尝试。

- 根据工作的紧急程度和重要程度进行排序后，按照顺序完成各个领导委派的工作。
- 与认可你的领导交好，不主动接触不认可你的领导。
- 先满足职级较高或直属领导的要求。

当你尝试过以上这些传统操作，依然无法让所有领导都满意，难以在组织内获得良好的发展机会时，这说明你需要使用新的工具——"贵人伯乐评分表"，帮你找到真正的"贵人"与"伯乐"。

解决方案

"贵人伯乐评分表"的运用方法是你要从5个方面对众多领导进行评分，根据最终得分情况找到自己真正的"贵人"或"伯乐"，如图6-13所示。"贵人伯乐评分表"的5个打分项可以划分为两大类：一类是对方自身的实力；另一类是对方与你的关系。

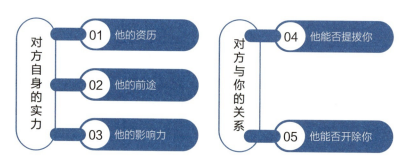

图6-13 "贵人伯乐评分表"的5个评分项

第1类：对方自身的实力

你可以从以下3个维度对领导的自身实力进行评分。

(1)他的资历

第 1 个评分项是领导的资历,是指一个人的工作资履和阅历。通俗地说,是领导"够不够老"。"老"的判断标准是领导在企业里的工作年限、从业年限或工作经验等。当你对领导的资历进行评分时,可以按照总分为 3 分的标准进行打分,打分的依据有 3 个维度:"他在公司的年限超过 5 年或是公司元老""他的从业年限超过 15 年""他曾负责过公司级的重大项目"。满足这 3 个条件者各计 1 分,不满足者则不得分,如图 6-14 所示。

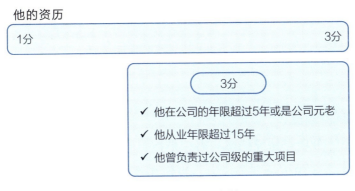

图 6-14 资历评分栏

(2)他的前途

第 2 个评分项是领导的前途,是指领导未来的职业发展前景。许多人会忽略这个问题,但这一点往往是出问题最多的地方。比如,你的老领导很看好你,但他马上就要退休,无法长期为你提供职业发展机会。一位能成为你的"贵人"或"伯乐"的领导,前提是他自己要有光明的前途,否则自顾不暇,如何顾你?

如何判断一位领导是否有光明的前途呢?你可以从 3 个条件来打分:"他的年龄在 40 岁上下""他的职位为部门一把手或以上""他的业务能力在公司内排前三"。满足 1 个条件者得 1 分,不满足者不得分,总计 3 分,如图 6-15 所示。当然,这 3 个条件并不是固定的,你可以根据自身的实际情况进行调整。比如，有的创业型公司全员年龄都不超过 30 岁，此时你可以将年龄条件更改为 30 岁上下。

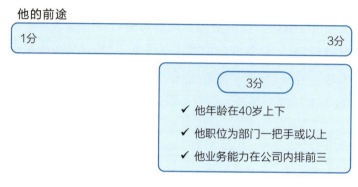

图 6-15　前途评分栏

（3）他的影响力

第 3 个评分项是领导的影响力，是指领导在企业内的话语权。影响力大的领导在企业中更具有公信力。当你在判断一位领导是否有影响力时，可以从 3 个条件来打分："他是某领域的权威""他与同事们保持良好的关系""他受到同事们的尊敬"，满足 1 个条件者得 1 分，不满足者不得分，总计 3 分，如图 6-16 所示。

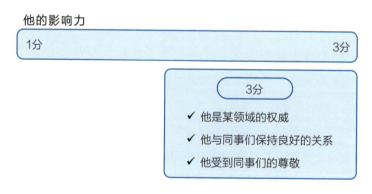

图 6-16　影响力评分栏

第 2 类：对方与你的关系

你可以从以下两个维度来对领导与你的关系进行评分。

（1）他能否提拔你

第 1 个评分项是领导能否提拔你。当你在判断一位领导是否能提拔你时，涉及两种权力：一是决定权，即他能直接提拔你；二是建议权，即他可以间接影响你是否被提拔。你可以根据领导的权力大小打分：如果领导有建议权，那么计 1 分；如果领导有决定权，那么计 3 分，如图 6-17 所示。

图 6-17　提拔权力评分栏

需要注意的是，拥有决定权的领导不仅拥有最终决定权，也拥有一票否决权。这样的领导对你的未来发展至关重要，你应该想尽办法让他"看到你""关注你""认同你"，并最终"赏识你"。关于如何做到这一点，前文第五阶段已有详细讲解，在此不再赘述。

（2）他能否开除你

第 2 个评分项是领导能否开除你。这样的领导拥有你的"生杀大权"，决定你是否能留在企业任职。当你在判断一位领导是否能开除你时，也涉及两种权力：一是建议权；二是决定权。你可以根据领导的权力大小打分：领导有建议权计 1 分，领导有决定权计 3 分，如图 6-18 所示。

了解 5 个评分项后，你可以对与自身有关系的全部领导进行评分，并根据总分进行排序，得分越高的领导对你职业发展影响越大。在找到最终的哪一位"贵人"或"伯乐"时,有两个注意事项:一是你选出的"贵人"或"伯乐"评分不能低于 12 分(满分 15 分);二是选出对你职业发展影响最大的领导后,你需要集中精力完成该领导发布的任务,优先满足该领导的需求,努力获得该领导的好感。

图 6-18 裁撤权力评分栏

小周根据自身情况完成了他的"贵人伯乐评分表",如表 6-1 所示。

小周发现张总是评分最高的领导,但万总和王总的评分也不低。那么,他应该如何对待这 3 位领导呢?

表 6-1 小周的"贵人伯乐评分表"

领导	他的资历	他的前途	他的影响力	他能否提拔你	他能否开除你	总分 12 分以上	排名
张总	3	3	2	3	3	14	1
万总	3	1 (是否有提升空间)	2	3	3	12	2
王总	2	3	3	1 (短时间内能否决策)	3	12	2

首先,小周要分析万总和王总最低分的所在项,思考对方未来在该项上是否有提分的可能性。这个未来期限最长不能超过 1 年,否则不确定性太多,风险太高。比如,万总的最低分是"他的前途",他年过不惑刚升到部门副总,虽然资历老,但是业务能力一般,为人和善,行事稳妥,看似是"贵人"的不错人选。实际上,在以结果为导向的公司里,能力一般的万

总很难继续晋升,他已经到达自身职位的"天花板"了,很难对小周产生更为长远的影响。王总是小周公司的副总裁,小周不归他直接管辖,这位领导看似不会影响到小周的职业发展,然而小周意识到,如果自己能顺利晋升,那么王总将成为他的直属领导。那时,王总的决策价值便能即刻凸显。

接下来,基于以上分析,小周调整了排名顺序,并决定根据排序有侧重地满足各位领导的需求,如表 6-2 所示。

表 6-2 小周的"贵人伯乐评分表"排名调整

领导	他的资历	他的前途	他的影响力	他能否提拔你	他能否开除你	总分 12 分以上	排名	排名调整
张总	3	3	2	3	3	14	1	1 近期的"贵人"
万总	3	1	2	3	3	12	2	3
王总	2	3	3	1	3	12	2	2 远期的"伯乐"

经过以上讨论,你或许会有疑惑:"贵人"和"伯乐"有什么区别?

在企业中,"贵人"是能带来资源的人,"伯乐"是能带来机会的人。当你能够利用"贵人"提供的资源去创造价值,进而让"伯乐"发现你,并为你提供制胜未来的机会时,你的职业道路将会越走越"亮"。因此,判断出自己的"贵人"与"伯乐"之后,你对待对方的策略也要有所不同——对待"贵人"要立刻满足他的需求,对待"伯乐"则要不计较一时的得失,目光要长远。

值得注意的是,在找出自己的"贵人"和"伯乐"后,你可能会遭遇两种风险:一是"伯乐"中途离职;二是"贵人"无法继续提供资源。面对这些风险时,你可以根据"贵人伯乐评分表"重新锁定新的关键人物,快速迭代,及时止损。

工具总结

"贵人伯乐评分表"是一个助你聚焦"人和"的打分工具,旨在通过5个打分项找到真正能助力你职业发展的关键人物,让对方为你的职业发展保驾护航,如表6-3所示。

表6-3 "贵人伯乐评分表"示意

领导	他的资历	他的前途	他的影响力	他能否提拔你	他能否开除你	总分12分以上	排名	排名调整

使用"比较优势环",争取更多资源

资源,永远是稀缺的。身处职场,在彼此能力不分伯仲的情况下,谁能获得更多的资源,便更有把握取得成绩,进而脱颖而出。在现实的职场中,你会发现优秀的人才越来越多。在"狼多肉少"的情况下,如果你一味地埋头苦干很可能永远也等不来发光的机会。所以,你需要打动资源方(比如领导、客户、行业大咖等),主动为自己争取更多资源。

面临挑战

当你在打动资源方时,往往会面临以下挑战。

- 一味地维护与客户的关系,忽略了产品质量,因此失去了客户的信任。
- 公司产品与竞品同质化严重,为了把产品卖出去,你开始打"价格战"。
- 你的解决方案没有亮点和特色,无法打动领导或客户。

传统操作

为了打动资源方,你可能做过以下尝试。

- 向领导和产品生产部门反映产品质量问题。

- 不断细分市场，走产品差异化路线。
- 从对方需求出发设计解决方案。

当你尝试过以上这些传统操作，依然无法打动资源方，为自己争取更多资源时，这说明你需要使用新的工具——"比较优势环"，争取更多资源。

解决方案

"比较优势环"的操作方法是把你自己与竞争对手、资源方进行比较，找到自己的优势或劣势，取长补短，进而根据资源方的需求打动资源方，为自己争取更多资源，如图6-19所示。

图6-19 "比较优势环"

使用"比较优势环"分两个步骤：第1步是分析"比较优势"；第2步是提炼"杠杆支点"。

第1步：分析"比较优势"

最好的情况是当"我最擅长"的部分与"资源方最看重"的部分大面积重合，而"对手最擅长"的与"资源方最看重"的不重合或少量重合时，你更能打动资源方。

但现实情况往往并非人愿，常常会出现两种比较优势环，如图 6-20 所示。第一种情况是："我最擅长"的部分和"对手最擅长"的部分重合，你将面临的是同质化竞争严重。第二种情况是："我最擅长"的部分明显小于"对手最擅长"的部分，你将面临的是竞争压力大。

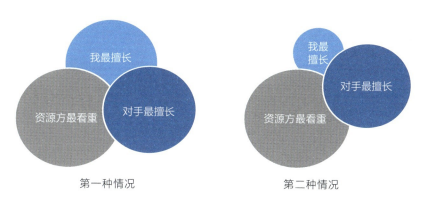

图 6-20　两种常见的"比较优势环"

那么，你要如何应对这两种情况呢？答案是深挖"资源方最看重"的部分，做到"我最擅长"的部分与"资源方最看重"的部分重合面积更大，如图 6-21 所示。

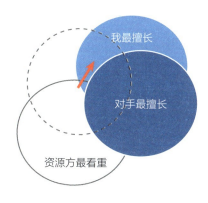

图 6-21　解决方案

第2步：提炼"杠杆支点"

如何深挖"资源方最看重"的部分，以扩大"我最擅长"的部分与"资源方最看重"的部分的重合面积呢？你需要提炼出资源方最看重的3点作为"杠杆支点"，撬动资源方的心理防线。

通常情况下，资源方最看重3个维度：质量、时间和成本。你要对这3个维度进行深入分析，做到质量最优、耗时最短和成本最低，如图6-22所示。

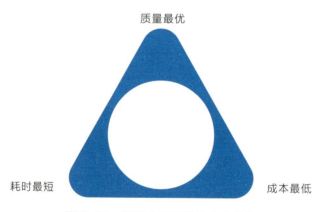

图6-22　资源方最看重的3个维度

那么，如何对资源方最看重的3个维度进行分析呢？最佳的方法是测评。测评分为两步：一是测评资源方的关注点，了解其群体偏好；二是根据测评结果，挖掘"资源方最看重"的部分。

（1）测评资源方的关注点，了解其群体偏好

如果资源方是某个特定的人，你可以使用工具06中的"人眼测评法"了解资源方的关注点。在大多数情况下，资源方是一个群体，既然是群体，他们就会形成一种文化，每种文化同样会有属于自身的群体偏好，这时你需要对整个群体的关注点进行测评。一般情况下，资源方群体的关注点分

为两类：一是关注质量的蓝色群体；二是关注成本和时间的橙色群体，每个群体的特点各不相同，如表 6-4 所示。

表 6-4 群体关注点测评表示意

问题	蓝色群体（关注质量）	橙色群体（关注成本和时间）
群体的最终决定权	群体内的技术"奇才"	群体内的管理者
群体的工作流程	非结构化、自由	严格、制度化
群体的主要价值观	创新、卓越重于流程和确定性	流程、确定性重于创新和卓越
群体的行政管理流程	随意、临时	成文、严格执行
群体成员的人际沟通	粗鲁、直率	纪律性强、有严密组织

上表中一共有 5 个问题，你可以根据资源方群体的实际情况进行勾选，得出资源方属于什么颜色的群体。

（2）根据测评结果，挖掘"资源方最看重"的部分

根据得出的测评结果，你可以挖掘出"资源方最看重"的部分，具体操作方式如图 6-23 所示。

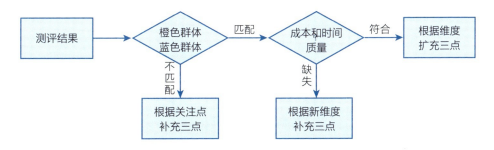

图 6-23 挖掘"资源方最看重"的部分流程

在挖掘"资源方最看重"的部分流程中，你可能会遇到两个问题：一是测评结果显示资源方的群体颜色属性与你给出的方案不匹配，"支点"与

"杠杆"不适配，此时你需要对方案进行适配调整，根据资源方的关注点补充内容；二是测评结果显示资源方群体颜色属性与你给出的方案匹配，但你的方案缺少资源方最看重的维度，即"支点"与"杠杆"不平衡，此时你需要在缺失的维度上深入挖掘，根据新维度补充内容。

以销售经理钟力为例，钟力最近在准备一个大项目的投标资料。最初，他根据过去的经验提出了两个方案：一是方案侧重质量优化；二是方案侧重成本控制。随后，他针对以上 5 个问题对客户，尤其是客户方的各位关键决策人进行了群体测评，发现资源方是典型的橙色群体。于是，钟力开始复盘自己的方案，根据测评结果和之前与客户沟通的内容，将"支点"定为成本控制方案，将其作为主竞选方案。但他意识到，除了成本维度，资源方在时间维度上的要求也不容忽视，于是他再次结合按时交付的需求点进一步对方案进行了补充，如图 6-24 所示。这一操作帮助他实现了"杠杆"平衡，最终他成功打动了该客户。

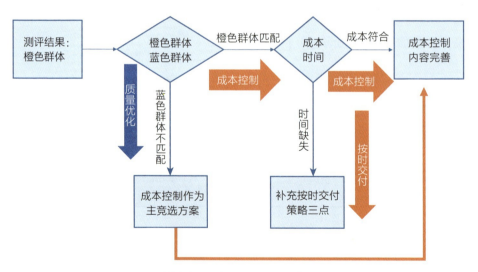

图 6-24 钟力挖掘"资源方最看重"的部分流程

工具总结

"比较优势环"是一个比较优势"挖掘器",旨在通过测评深入了解资源方的关注点进而提升自身的核心竞争力,为自己争取更多的资源,从而赢在职场。"比较优势环"有以下两步操作。

- 分析自身"比较优势",得出自己与对手、资源方三者之间的关系;
- 从质量、时间和成本 3 个方面进行测评,了解资源方群体偏好,并挖掘出"资源方最看重"的部分。

工具 30 巧妙使用"避坑指南",避免"自嗨式"高光

掌握了本书的所有工具之后,你可能已经开启了打造自己的职场高光之路,并对此胸有成竹。然而,此时还有最后一只"拦路虎"挡在你面前,那就是"自嗨式"高光。"自嗨式"高光往往只能感动自己,它并不是真正的高光,而是自我沉醉的"假高光"。它不仅无法为你的职场发展助力,还会让你费时、费力、费事、费钱。那么,你该如何突破"自嗨式"高光呢?

面临挑战

"自嗨式"高光有以下 4 种典型的表现形式,如图 6-25 所示。

1. 总想通吃
2. 劳而无功
3. 自以为是
4. 盲目跟风

图 6-25 4 种"自嗨式"高光

传统操作

为了避免或改善"自嗨式"高光困境,你可能尝试过以下操作。

- 更换自己的工作工具。
- 调整自己的工作方法。
- 更换自己的咨询顾问或辅导教练。

当你尝试过以上这些传统操作,依然无法打造高光时刻时,这可能不是你的能力问题,也不是工具的错,而是你需要换一个角度使用工具——本节提供的"避坑指南",将为你高效使用本书所有工具提供新方向,让你远离"自嗨式"高光。

解决方案

工作上没有任何百试百灵的"万能工具",也没有始终可以以不变应万变的"万能方法"。因此,本节要向你推荐的并不是一个专门"避坑"的工具或者方法,而是结合本书前述所有工具的综合性指导,让你能以更正确的方式,在最需要、最合适的时机使用它们。本书所有工具的剖析均由认知提升和行为改善两个部分组成,因此最后这一节的"避坑指南"也将从这两个方面给出。

1. 总想通吃——"先吃好,就能吃饱"

在企业中,你可能会出现"总想通吃"的"自嗨式"高光。"总想通吃"的表现是:你什么都想要,想"一口吃成个大胖子"。这是人性中的贪欲和急功近利所致,要避免出现"总想通吃"的问题,你要记住一句话:"先吃好,就能吃饱。"这句话的意思是当你很饿时,你很难一开始就控制住自己想要"大吃特吃"的冲动,但你的胃只有那么大,所以你要先吃"好"的食物,当你一口一口吃下"好"的食物后,会自然而然地放弃那些你还没来得及"吃"的。这样做能确保你"吃饱"且不会遗憾没有吃到"好"的食物。

同理,在面对很多你想做或要做的事情时,你要先做最重要的事情,最重要的事情通常有两种:一是能体现你核心竞争力的事情;二是你必须先完成的要事。在这一点上,你可以使用以下工具。

- 使用工具 01 中的"3 个圈"工具和工具 28 中的"贵人伯乐评分表",找到自己的核心竞争力,并明确怎样做才能体现出自己的核心竞争力。
- 使用工具 12 中的"要事优先 3 漏斗法"和工具 23 中的"优选列表",找到当下最紧要的工作,优先完成。

2. 劳而无功——"知己知彼,百战百胜"

在企业中,你可能会出现"劳而无功"的"自嗨式"高光。具体表现是:你认为只要自己努力,就能获得一切,于是拼命做事。然而,这一切的前提是你必须确保自己正处于正确的赛道上,否则你越努力错得越离谱。要避免出现"劳而无功"的问题,你要记住一句话:"知己知彼,百战百胜。"深入了解他人,也让他人深入了解你。在这一点上,你可以使用以下工具。

- 使用工具 06 中的"人眼测评法"和工具 13 中的"7 步供需图谱",了解他人、了解与他人之间的供需关系。
- 使用工具 18 中的"3 盏聚光灯"、工具 24 中的"开门见喜"和工具 25 中的"透析问题",做好绩效述职和书面汇报,让他人深入了解你。

3. 自以为是——"我为人人,人人为我"

在企业中,你可能会出现"自以为是"的"自嗨式"高光。具体表现是你认为自己做得很好、想法很正确、决策很合理,然而其他人却并不这样认为。要解决"自以为是"的问题，你要记住一句话："我为人人，人人为我。"当你做到"我为人人"，即你能充分为他人考虑，从他人的角度出发思考问题、帮助他人时，他人就会反过来帮助你。此时，你就不再是"自以为是"。在这一点上，你可以使用以下工具。

- 使用工具 21 中的"需求画布"和工具 22 中的"分析看板"，分析他人的需求、行为及动机，从而做出真正满足他人需求的事，做到"我为人人"。
- 使用工具 09 中的"群策群力法"和工具 10 中的"人才盘点 3 问"，从其他同事或领导身上汲取经验，做到"人人为我"。

4. 盲目跟风——"耳聪目明、立足根本"

在企业中，你可能会出现"盲目跟风"的"自嗨式"高光。具体表现是：你认为许多理论很"火"，或是许多做法很"流行"，便跟着去学、去做，然而却忽略了自身实际情况。要解决"盲目跟风"的问题，你要记住一句话："耳聪目明、立足根本。"你需要立足于自身真实情况，去听、去看、去体会，从而告别盲目学、盲目做。在这一点上，你可以使用以下工具。

- 使用工具 07 中的"四位一体法"和工具 27 中的"高光 3 要素"，提升自己的聆听能力和感官体验，避免信息冗余带来的内耗。
- 使用工具 05 中的"5 点清单"和工具 29 中的"比较优势环"，有理有据地阐述个人想法，并寻找到自己最擅长的领域进行个人展现。

工具总结

"避坑指南"是教你如何规避 4 种"自嗨式"高光，正确使用本书中的所有工具，为你的高光时刻保驾护航，如表 6-5 所示。

表 6-5 "避坑"工具清单

"自嗨式"高光	认知提升	行为改善
总想通吃	助力找到职场核心竞争力的"3 个圈"（工具 01）	助力快速达标的"要事优先 3 漏斗法"（工具 12）
	助力找到关键决策人的"贵人伯乐评分表"（工具 28）	让领导认同你的"优选列表"（工具 23）
劳而无功	助力新环境融入的"人眼测评法"（工具 06）	助力绩效述职的"3 盏聚光灯"（工具 18）
	助力人缘的"7 步供需图谱"（工具 13）	让领导赏识你的"透析问题"（工具 25）
自以为是	当领导看见你的"需求画布"（工具 21）	解决老大难问题的"群策群力法"（工具 09）
	让领导关注你的"分析看板"（工具 22）	助力代理转正的"人才盘点 3 问"（工具 10）
盲目跟风	助力存在感的"四位一体法"聆听技术（工具 07）	助力内部竞聘的"5 点清单"（工具 05）
	助力体验设计的"高光 3 要素"（工具 27）	助力低投高产打动对方的"比较优势环"（工具 29）